essentials

Essentials liefern aktuelles Wissen in konzentrierter Form. Die Essenz dessen, worauf es als „State-of-the-Art" in der gegenwärtigen Fachdiskussion oder in der Praxis ankommt. *Essentials* informieren schnell, unkompliziert und verständlich

- als Einführung in ein aktuelles Thema aus Ihrem Fachgebiet
- als Einstieg in ein für Sie noch unbekanntes Themenfeld
- als Einblick, um zum Thema mitreden zu können

Die Bücher in elektronischer und gedruckter Form bringen das Fachwissen von Springerautor*innen kompakt zur Darstellung. Sie sind besonders für die Nutzung als eBook auf Tablet-PCs, eBook-Readern und Smartphones geeignet. *Essentials* sind Wissensbausteine aus den Wirtschafts-, Sozial- und Geisteswissenschaften, aus Technik und Naturwissenschaften sowie aus Medizin, Psychologie und Gesundheitsberufen. Von renommierten Autor*innen aller Springer-Verlagsmarken.

Hans-Peter Herrmann

Basiswissen und Anwendungsbeispiele zum Psychologischen Tourismusmarketing

Tourismusmarketing weiter denken

 Springer

Hans-Peter Herrmann
Tourismuspsychologie
LAB Tourismuspsychologie
Leipzig, Deutschland

ISSN 2197-6708   ISSN 2197-6716 (electronic)
essentials
ISBN 978-3-658-43979-8   ISBN 978-3-658-43980-4 (eBook)
https://doi.org/10.1007/978-3-658-43980-4

Die Deutsche Nationalbibliothek verzeichnet diese Publikation in der Deutschen Nationalbibliografie; detaillierte bibliografische Daten sind im Internet über http://dnb.d-nb.de abrufbar.

Planung/Lektorat: Alexander Horn
Springer ist ein Imprint der eingetragenen Gesellschaft Springer Fachmedien Wiesbaden GmbH und ist ein Teil von Springer Nature.
Die Anschrift der Gesellschaft ist: Abraham-Lincoln-Str. 46, 65189 Wiesbaden, Germany

Das Papier dieses Produkts ist recyclebar.

Was Sie in diesem *essential* finden können

- Eine kompakte inhaltliche Darstellung zum Psychologischen Tourismusmarketing
- Die Erläuterung der Wirkungsweisen des Psychologischen Tourismusmarketings und seiner Strategien
- Eine kritische Auseinandersetzung mit den gegenwärtigen Problemen der Werbedurchdringung beim gegenwärtigen Marketing
- Anwendungsbeispiele zur Umsetzung von Marketingstrategien des Psychologischen Tourismusmarketings und deren psychologische Wirkungseffekte
- Thesen zum Psychologischen Tourismusmarketing

Vorwort

Das Thema Urlaub und Reisen besitzt bei den Bundesbürgern einen überaus hohen Stellenwert. Mit Ausnahme des Corona-Zeitraumes unternahmen in den letzten zwei Jahrzehnten jährlich rund 70 Prozent der Bevölkerung ab 14 Jahre eine mindestens fünftägige Urlaubsreise. Für das Jahr 2022 registrierte der Deutsche Reiseverband (DRV) bereits wieder eine Reiseintensität von 74,9 % (DRV, 2022, S. 5), was dem Vor-Corona-Zeitraum entspricht.

Ausgangspunkt von Reiseaktivitäten sind vielfach touristische Werbebegegnungen, die einen Anstoß geben, sich mit Urlaubs- und Reiseplänen zu beschäftigen. Für Reiseveranstalter und touristische Leistungsanbieter wird es immer schwieriger, mit ihren Werbebotschaften bei den Endkunden durchzudringen. Neben der bestehenden Werbeflut, welche teilweise Reaktanzverhaltensweisen hervorruft, verändert sich gleichzeitig das Wahrnehmungs- und Informationsverhalten der Reisenden.

Die bisherigen Strategien, wie auch die verwendeten Werbemittel des gegenwärtigen Marketings nutzen sich zunehmend ab und verlieren an Wirkungseffizienz. Deshalb erscheint es sinnhaft, das Tourismusmarketing den veränderten Gewohnheiten anzupassen und gleichzeitig inhaltlich weiterzuentwickeln.

Das Psychologische Tourismusmarketing versteht sich als Ergänzung zum gegenwärtig ausgerichteten Marketing und wendet sich schwerpunktmäßig den Prozessen der Informationsverarbeitung zu. Denn je intensiver dargebotene Informationen aufgenommen und verarbeitet werden, desto besser werden diese Inhalte gespeichert. Informationen, welche tiefe Gedächtnisspuren hinterlassen, bleiben längere Zeit gespeichert und sind leichter abrufbar. Bereits gespeicherte Informationen werden bei späteren Reisewahlentscheidungen reproduziert und in den Entscheidungsprozess eingebunden. Da Menschen nicht nur rein situationsbezogen reagieren, sondern auch gespeicherte Wissenssachverhalte und

Erfahrungswerte einbeziehen, ergibt sich hieraus ein entscheidender Vorteil. Denn das vom Unterbewusstsein hervorgerufenes Gefühl, „was mir leicht einfällt muss gut sein", kann dann bei zu treffenden Entscheidungen ausschlaggebend sein.

Die im Buch beschriebenen psychologischen Wirkungseffekte der einzelnen Projektbeispiele sind theoretische Annahmen, welche sich im Praxistest noch bestätigen müssen. Aber ohne ein Ausprobieren von neuen Wegen gibt es keinen Wissensfortschritt.

Dieses Essential will dazu ermutigen, im Tourismusmarketing weiter zu denken und dabei auch die psychologischen Aspekte stärker zu berücksichtigen.

Leipzig   Hans-Peter Herrmann
im Dezember 2023

Inhaltsverzeichnis

Marktveränderungen erfordern neue Marketingstrategien

Marketingmaßnahmen stellen ein unverzichtbares Mittel zum Absatz von Reisen und touristischen Leistungen dar. Immer sichtbarer wird jedoch, dass viele der derzeit genutzten Marketinginstrumente an Ausstrahlungskraft verlieren, sich immer schneller abnutzen oder durch andere Werbemaßnahmen überstrahlt werden. Das gegenwärtig praktizierte Tourismusmarketing vieler Unternehmen und Institutionen basiert dabei weitgehend auf Grundlagen, welche von Freyer in seinem Standardwerk Tourismus-Marketing in den 1990er-Jahren begründet wurde. Seither haben sich im Tourismus grundlegende Umfeld- und Marktveränderungen vollzogen, die dazu geführt haben, dass besonders traditionelle Marketinginstrumente einen abnehmenden Wirkungsgrad aufweisen. Viele Menschen empfinden Werbung sogar teilweise als belastend, und versuchen diese bewusst auszublenden oder weitgehend zu ignorieren.

Neben der Werbeabnutzung und deren Ausblendungsversuche bestehen weitere Gründe, die eine abnehmende Werbedurchdringung begünstigen. Hierzu gehören beispielsweise Informationswahrnehmungsveränderungen, veränderte Wertigkeitsgewichtungen wie auch zunehmend konditionierte Handlungsreaktionen. Tendenziell wird es für den Einzelnen immer schwieriger, aus der vorhandenen Informationsflut jene touristischen Informationen zu selektieren, die für seine Entscheidungsfindung benötigt werden, eine hohe persönliche Relevanz besitzen, und nachvollziehbare Vergleichsbewertungen zur anderen Reiseangeboten ermöglichen.

Wenn der Wirkungsgrad touristische Werbemaßnahmen abnimmt, stellt sich zwangsläufig die Frage, welche Möglichkeiten bestehen, um wieder eine größere Werbeeffizienz zu erlangen. Da die Marketingressourcen der Reiseveranstalter und touristischen Leistungsträger wie auch des Reisevertriebs begrenzt sind,

H.-P. Herrmann, *Basiswissen und Anwendungsbeispiele zum Psychologischen Tourismusmarketing*, essentials, https://doi.org/10.1007/978-3-658-43980-4_1

erscheinen nur zwei Optionen eine reale Aussicht auf Erfolg zu haben. Die erste Option ist, sich auf jene Dinge zu konzentrieren, welche die natürlichen Stärken der Tourismusbrache gegenüber der branchenfremden Konkurrenz ausmachen. Diese liegen zweifelsfrei in der qualifizierten Beratung und im persönlichen Verkauf, welche einen starken Rückkoppelungseffekt im Sinne der Eigenwerbung darstellen. Die zweite Option besteht im Finden neuer kreativer Marketingansätze. Dabei geht es nicht darum, bisherige Marketinginstrumente infrage zu stellen, sondern diese durch weitere Ansätze zu ergänzen. Ziel der neuen Marketingansätze sollte sein, die gegenwärtigen Schwachstellen des Tourismusmarketings zu minimieren. Als wesentliche Schwachstellen werden angesehen:

- Eine zu geringen Reizintensität bei der Darstellung der Reiseangebote in der Werbebegegnungsphase. Dieses verhindert entweder eine hinreichende Aufmerksamkeitslenkung oder begünstigt das Überstrahlen von konkurrierenden Werbereizen.
- Unzureichende Informationsverarbeitung. Die aufgenommen Informationen werden innerhalb des Informationsverarbeitungsprozesses nicht optimal aufgenommen und in das Langzeitgedächtnis überführt. Ursachen können eine nicht optimale Transduktion sein, Verluste auf dem Weg der Weiterleitung zum Zentralnervensystem oder eine geringe Ausbildung von Gedächtnisspuren.
- Relevanz der Informationen. Die Wichtigkeit der aufgenommenen Informationen wird nicht hinreichend erkannt bzw. entschlüsselt, was zur Folge hat, dass diese Informationen als nicht relevant deklariert und „ausgesondert" werden.
- Nichtbeachten psychologischer Begleiteffekte. Dargebotene Informationen werden vielfach nicht hinreichend verarbeitet und gespeichert, weil psychologische Effekte (Ranschburgsche Hemmungseffekt, Informations-Priming, fehlende Affinitätseffekte, etc.) diese erschweren oder verhindern.
- Die Reproduktionsfähigkeit der früher aufgenommener Informationen ist schwach. Im Zuge von Reiseentscheidungen werden fast alle gespeicherten Informationen mit herangezogen, weshalb die Speicherung und Reproduktion von Informationen eine hohe Relevanz besitzt. Schwierigkeiten in der Reproduktion entstehen, weil entweder die Gedächtnisspuren hierzu schwach angelegt sind, durch andere Informationen überlagert oder verdrängt wurden.
- Wesentliche psychologische Wirkungsaspekte werden bei der Darstellung touristischer Produkte nicht beachtet. Zu den positiven Wirkungseffekten gehört beispielsweise die Vermeidung von Dissonanzen oder der Aufbau von positiven Kohärenzgefühlen gegenüber den beworbenen Reise- und Serviceprodukten. Gleiches gilt bei der unmittelbaren Reisedarbietung gegenüber den Kunden.

- Psychologische Fehler im Prozess der unmittelbaren Reiseberatung. Viele Kunden verlassen das Reisebüro ohne eine Reiseentscheidung, obwohl sie mit einer Reisebuchungsabsicht das stationäre Reisebüro aufgesucht haben. Gründe hierbei können beispielsweise beim Kunden herbeigeführte Entscheidungsdiffusionen, wahrgenommene Lenkungs- und Beeinflussungsaktivitäten oder Drucksituationen sein, welche vom Reisemittler ausgehen, ihn aber nicht bewusst sind oder von ihnen selbst nicht wahrgenommen werden.
- Nicht hinreichende Beachtung der Umfeldsituation. Die Umfeldsituation hat einen mitentscheidenden Einfluss auf die Qualität der Informationsaufnahme und deren Verarbeitung, welches vielfach unterschätzt wird.

Ein neuer Ansatz, der auf die Minimierung dieser Schwachstellen abzielt, ist das Psychologische Tourismusmarketing.

Psychologisches Tourismusmarketing – was ist darunter zu verstehen?

2

Unter dem Begriff Psychologisches Tourismusmarketing lassen sich alle Maßnahmen subsumieren, welche darauf ausgerichtet sind, gewünschte Einstellungs- und Verhaltenseffekte durch psychologische Mechanismen in Gang zu setzen, zu lenken oder diese zu verstärken. Hierbei geht es primär um die Anwendung neuer Strategien und Instrumente, welche die Informationsaufnahme und -verarbeitung befördern und zu einer effizienteren Werbewirkung führen. Der Begriff „Psychologisches Tourismusmarketing wurde erstmals für den Titel eines gleichnamigen Essential geprägt, wo Thesen zu ausgewählten Aspekten des Psychologischen Tourismusmarketings dargelegt wurden.

Das Psychologische Tourismusmarketing versteht sich als Teilbereich der Tourismuspsychologie und „wendet sich allen psychologischen Prozessen entlang der gesamten Reisekette zu, welche die Darstellung touristischer Produkte durch Kunden tangieren, Handlungsreaktionen hervorrufen und Entscheidungen beeinflussen" (Herrmann, 2018, S. 2).

Während das gegenwärtige Marketing primär auf die „Sichtbarmachung" der Produkte und touristischen Leistungen ausgerichtet ist, geht es beim Psychologischen Tourismusmarketing darum, wie die Informationen verarbeitet werden und durch die bewusste Nutzung psychologischer Mechanismen und Einflussmöglichkeiten umsetzbar sind.

Neben einer stärkeren Aufmerksamkeitslenkung besteht das primäre Ziel des Psychologischen Tourismusmarketings darin, eine tiefere kognitive Informationsverarbeitung zu bewirken, damit eine nachhaltige Verankerung der dargebotenen Werbe- und Wissensinhalte im Gedächtnis erfolgt. Nach eigener Auffassung lässt sich das Psychologische Tourismusmarketing mit folgenden Grundstrategien umsetzen:

© Der/die Autor(en), exklusiv lizenziert an Springer Fachmedien Wiesbaden GmbH, ein Teil von Springer Nature 2024
H.-P. Herrmann, *Basiswissen und Anwendungsbeispiele zum Psychologischen Tourismusmarketing*, essentials, https://doi.org/10.1007/978-3-658-43980-4_2

1. Elaborationsstrategie
2. No-wear-out-Strategie
3. Strategie salienzbezogener Reize
4. Strategie der Einstellungsänderung.

Grundvoraussetzung einer erfolgreichen Strategieumsetzung sind vorher definierte Marketingziele. Da diese in der Regel durch Unternehmensziele vorgegeben sind, unterscheiden sich die Marketingziele des Psychologischen Tourismusmarketings nicht grundsätzlich von denen des gegenwärtigen Tourismusmarketings.

Sollen die Marketingziele über das Psychologische Tourismusmarketing realisiert werden, so ist in einem ersten Schritt jene zugehörige Strategie auszuwählen, die zur Erreichung der Ziele bestmöglichst geeignet erscheint. Strategien sind langfristige Ausrichtungen, welche Grundsatzentscheidungen zum weiteren Vorgehen enthalten.

Für die praktische Umsetzung des Psychologischen Tourismusmarketings bedarf es geeignete Marketinginstrumente, die hier in Form von Einzelprojekten designt werden. Die Einzelprojekte, hier nachfolgend dargestellt durch Anwendungsbeispiele enthalten Maßnahmen, welche die gewünschten psychologischen Effekte hervorrufen oder verstärken.

In der Abb. 2.1 werden diese drei Ebenen des Psychologischen Tourismusmarketings skizzenhaft darstellt.

Die Psychologischen Marketingstrategien können analog dem gegenwärtigen Marketingmodell ebenfalls als Marketing-Mix genutzt werden, sofern sich die unterschiedlichen psychologischen Marketingstrategien und Marketinginstrumente sinnvoll miteinander verknüpfen lassen.

Abb. 2.1   Herrmann (Eigendarstellung). Aufbaustruktur des Psychologischen Tourismusmarketings

Der Wirkungsansatz des Psychologischen Marketings

Um die Wirkungsweise des Psychologischen Tourismusmarketings darzustellen, erscheint eine Gegenüberstellung zum gegenwärtigen Marketing mittels eines Beispiels sinnvoll. Die überwiegende Anzahl der Destinationen verfolgt das Hauptziel, ihren touristischen Bekanntheitsgrad zu erhöhen, um mehr Touristen in die Urlaubsregion zu locken. Beim gegenwärtigen Marketing erfolgt hierzu typischerweise ein Rückgriff auf die bekannten Marketinginstrumente, wie Reisekataloge, Flyer, Plakate, Homepage, Radiospot etc. Um die touristische Region zielorientierter zu bewerben, werden die Marketingmaßnahmen oft auch themen- und zielgruppenorientiert gestaltet. So ist vorstellbar, dass eine touristische Region, wie beispielsweise das Altenburger Land, ihre themenorientierte Werbung auf kulinarische Genüsse mit ihren regionalen Genussprodukten (Altenburger Ziegenkäse, Senf, Bier, Safran und Liköre) abgestellt hat. Hierbei ergeben sich je nach gewähltem Marketingansatz, zwei unterschiedliche Wirkungsweisen.

A. Unter dem Aspekt des gegenwärtigen Marketings würde man die Produkte auf großen Plakatwänden oder in Prospekten abbilden und diese kulinarischen Genüsse in Zusammenhang mit der Region Altenburger Land in ausgewählten Regionen (Quellmärkte) bewerben.

B. Möglich wäre auch, diese thematische Bewerbung unter Aspekten des Psychologischen Tourismusmarketings, speziell in Form der Strategie salienzorientierter Reize, umzusetzen. Die Produkte (Altenburger Senfvariationen, Safranprodukte, Biere, Ziegenkäse, Liköre und landwirtschaftliche Anbauprodukte) könnten bspw. in den vorgesehenen Regionen an ausgewählte Restaurants kostenlos abgegeben werden, wenn sie bereit sind, diese in ihrem

H.-P. Herrmann, *Basiswissen und Anwendungsbeispiele zum Psychologischen Tourismusmarketing*, essentials, https://doi.org/10.1007/978-3-658-43980-4_3

Skizze: Herrmann, eigene Darstellung

Abb. 3.1   Herrmann (Eigendarstellung). Informationsverarbeitungsprozess

regulären Bruchangebot zu integrieren und auf deren regionale Herkunft gut sichtbar hinweisen. Zum Beispiel: „Regionale Speisen und Getränke aus der Regionen Altenburger" oder „Genüsse aus dem Altenburger Land".

Obwohl beide Marketingaktivitäten mit den gleichen Hinweisreizen arbeiten (Altenburger Genussprodukte) und das gleiche Ziel verfolgen (die Bekanntheit des Altenburger Landes zu steigern), entstehen im Zuge der gesetzten Reize und deren Verarbeitung grundlegend unterschiedliche psychologische Wirkungen. Die Abb. 3.1 zeigt den Gesamtprozess der Informationsverarbeitung, sowie wesentliche Teilschritte welche für die Gedächtnisspeicherung relevant sind.

Beim gegenwärtigen Marketing (Beispiel A) werden die dargebotenen Produkte in Form von Plakatdarstellungen, Prospekten oder multimedialer Medien nur visuell oder auditiv (z. B. bei Radiospots) wahrgenommen. Die hier gesetzten visuellen oder auditiven Reize werden im Zuge der Informationsverarbeitung als Licht- oder Schallwellen von den Rezeptoren aufgenommen und anschließend in bioelektrische Signale (Transduktion) gewandelt. Der Transduktionsprozess ist notwendig, um die physikalischen Reizgegebenheiten in bioelektrische Signale zu wandeln, damit diese in den sensorischen Nervenbahnen an das Zentralnervensystem weitergeleitet werden können. Im Zentralnervensystem erfolgt die Decodierung und Bearbeitung der hier ankommenden Informationen, was dazu führt, dass ein bewusstseinsmäßiges Bild davon entsteht, was man mit seinen Sinnesorganen wahrgenommen hat. Die eigentliche Sinneswahrnehmung ist stets ein Ergebnis des vorangegangenen Informationsverarbeitungsprozesses. Wenn den entschlüsselten Informationen eine hinreichende Wertigkeit zugeschrieben wird, erfolgt die Überführung und Ablage im Langzeitgedächtnis. Wie gut diese abgelegten Informationen später reproduzierbar sind, wird durch mehrere Variablen beeinflusst. Beispielsweise von Art der Information, der persönlichen Relevanz, der Stärke der Reize oder des Situationskontextes, in dem die Information aufgenommen wurde.

Im Beispiel A werden bei den bildlichen Darstellungen die Informationsreize nur visuell gesetzt und als zweidimensionale Gegebenheit wahrgenommen. Die Tiefenwahrnehmung als dritte Dimension, welche zur plastischen dreidimensionalen Vorstellung der abgebildeten Gegenstände notwendig ist, wird im Gehirn konstruiert und hinzugefügt. Damit sind die Reizgegebenheiten nicht optimal, was im Informationsverarbeitungsprozess tendenziell dazu führt, dass im Langzeitgedächtnis nur geringe Gedächtnisspuren angelegt werden. Ein zweiter wesentlicher Gesichtspunkt ist, dass die hier dargebotenen Informationen als Gegenstands- oder Sachinformation aufgenommen werden und im semantischen Gedächtnis abgelegt werden. Weil sich reine Wissens- oder Sachinformationen weniger gut einprägen und mit geringeren Gedächtnisspuren verknüpft sind, ist der spätere Reproduktionserfolg hier relativ gering. Die Problematik der Nachhaltigkeit des Werbeerfolgs wird deutlich, wenn man beispielsweise den Selbstversuch anstellt, sich an möglichst viele Plakate zu erinnern, denen man in der vorangegangenen Woche begegnet ist. Der Selbstversuch zeigt, dass die Erinnerungsquote bei diesen Werbemitteln recht gering ist.

Im Beispiel B, wo eine Nutzung psychologischer Mechanismen über die Strategie salienzbezogener Reize erfolgt, werden oben genannte Produkte direkt präsentiert. Durch die unmittelbare Gegenständlichkeit werden diese jetzt nicht mehr nur visuell zweidimensional, sondern real dreidimensional wahrgenommen. Gleichzeitig gehen von den dargebotenen Produkten sehr starke und zugleich unterschiedliche Reize (gustatorische Reize, olfaktorische Reize, taktile Reize) aus, die zusammen eine hohe qualitative wie auch komplexe Reizgegebenheit ergeben. Diese hohe Reizintensität führt dazu, dass sich ein aktivierter Informationsverarbeitungsprozess vollzieht und dazu führt, dass im Langzeitgedächtnis relativ starke Gedächtnisspuren verankert werden. Zudem erfolgt die Informationsaufnahme während des Brunchs in einer sehr angenehmen emotionalen Atmosphäre. Beides, die unmittelbaren Reizgegebenheiten der kulinarischen Produkte und der Umfeldkontext werden hier als Erlebnissituation wahrgenommen, weshalb diese Information nicht im semantischen Wissensgedächtnis, sondern im episodischen Gedächtnis abgelegt wird. Aufgrund der tieferen Informationsspeicherung und der leichteren Reproduktion an emotionalen Gegebenheiten können sich Menschen noch relativ lange daran erinnern, wann, wo und mit wem sie Brunchen waren und sie können sich auch erinnern, was ihnen besonders gut geschmeckt hat. Zudem dürften die Kosten für Plakatwerbekampagnen oder für andere klassische Werbeaktionen um einiges höher liegen, als die Kosten für die Bereitstellung der Genussprodukte.

Die folgende Gegenüberstellung der beide Marketingansätze in der Tab. 3.1 stellt die unterschiedlichen Gegebenheiten nochmals zusammenfassend dar.

Tab. 3.1   Herrmann (Eigendarstellung). Gegenüberstellung von Marketingansätzen

	Gegenwärtiges Tourismusmarketing (nach Freyer)	Psychologisches Tourismusmarketing (nach Herrmann)
Wirkungsziel	Wahrnehmung des Produktes im Sinne der Bekanntmachung mit dem Ziel des späteren Kaufes	Zielgerichtete Aufmerksamkeitslenkung in Verbindung mit einem intensiven Informationsverarbeitungsprozess bzw. dem Aufbau einer positiven Einstellung in Verbindung mit dem Produkt
Strategien*	Entwicklungs-Strategien Konkurrenz-Strategien Kunden-Strategien Positionierungs-Strategien	Elaborationsstrategie No-wear-out-Stretegie Strategie salienzbezogener Reize Strategie der Einstellungsänderung
Instrumente zur taktischen Umsetzung der Strategien*	Produkt-Politik Preispolitik Vertriebspolitik Kommunikationspolitik	Entwicklung spezifischer Marketingprojekte, welche auf gewünschte psychologische Effekte ausgerichtet sind (Siehe nachfolgende Beispiele)

Herrmann, eigene Darstellung

* Anmerkung: Die hier genannten Strategien werden von Freyer als integrativer Strategieansatz gesehen und daher auch als Strategie-Mix bezeichnet. Hingegen handelt es sich bei den Instrumenten um Gestaltungselemente, die er als Taktischen Marketing-Mix bezeichnet (Vgl. W. Freyer, 2007, S. 361 ff.)

Mit der Wahl des Psychologischen Marketingansatzes entsteht die Möglichkeit, Einfluss auf den Informationsverarbeitungsprozess zu nehmen, wie dargebotene Informationen besser verarbeitet und später reproduziert werden können. Die bessere Reproduktion kann Reiseentscheidungen positiv beeinflussen, da Menschen tendenziell dazu neigen, jene Dinge gut zu finden, die ihnen leicht einfallen. Ganz nach dem Motto: Was mir leicht einfällt, muss gut sein.

Die Ziele des Psychologischen Tourismusmarketings

4

Marketingziele beschreiben grundlegende Vorstellungen, welches Ergebnis oder welcher Zustand in einem bestimmten Zeitraum angestrebt werden soll. Freyer definiert die Ziele innerhalb eines Marketing-Konzepts als übergeordnete „Philosophie" oder zukünftige „Szenarien" im Sinne der jeweiligen Marketing-Träger (Vgl. W. Freyer, 2007a, S. 303). Mit einer feststehenden Zielformulierung lassen sich geeignete Strategien, Maßnahmen und Mittel zuordnen, welche den Unternehmenserfolg begründen sollen. Eine Operationalisierung von Zielen, etwa hinsichtlich quantitativer oder qualitativer Teilziele erscheint dabei sinnvoll. Zielstellungen geben eine grundlegende Orientierung und beinhalten motivationale Komponenten, sofern die Zielerreichung realistisch erscheint. Die Marketingziele leiten sich von den Unternehmenszielen ab, welche von der Unternehmensführung vorgegeben werden. „Das bewusste Setzen von Zielvorgaben ist aus psychologischer Sicht wichtig, weil sie:

- den Mitarbeitern Orientierung geben. Die Mitarbeiter erhalten Informationen, welche konkrete Aussagen enthalten, was erreicht werden soll. Sie können sich so auf die Anforderungen einstellen.
- Mitarbeiter motivieren. Erreichbare Ziele erscheinen als Herausforderung und werden angenommen. Sie entfalten somit eine motivierende Wirkung.
- das Selbstwertgefühl steigern können. Die Zielerreichung stärkt das Wissen um die eigenen Kompetenzen, was das Selbstvertrauen in die eigene Leistungsfähigkeit bestärkt und sich positiv auf das weitere Arbeitsverhalten auswirkt.

© Der/die Autor(en), exklusiv lizenziert an Springer Fachmedien Wiesbaden GmbH, ein Teil von Springer Nature 2024
H.-P. Herrmann, *Basiswissen und Anwendungsbeispiele zum Psychologischen Tourismusmarketing*, essentials, https://doi.org/10.1007/978-3-658-43980-4_4

- Erfolgserlebnisse schaffen. Formulierte Ziele lassen sich als Anspruchsgröße definieren, deren Erreichen Stolz und Zufriedenheit begründen (Herrmann, 2016, S. 169).

Viele Zielstellungen des Psychologischen Tourismusmarketings sind deckungsgleich bzw. unterscheiden sich nicht wesentlich von denen des gegenwärtigen Marketings, da sich beide an den jeweils vorgegebenen Unternehmenszielen orientieren. Hierzu gehört beispielsweise eine verstärkte Aufmerksamkeitslenkung auf die touristischen Produkte und Leistungen, das Bestreben relevante Reisemotive zu aktivieren, Kaufentscheidungen zu befördern oder das Markenimage zu steigern. Unterschiede zeigen sich in der Sichtweise und bei der Herangehensweise. Wird beim gegenwärtigen Tourismusmarketing das Wirkungsprimat auf die Sichtbarmachung des Produktes gelegt, so liegt der Schwerpunkt beim Psychologischen Tourismusmarketing auf den Prozess der Informationsverarbeitung von dargebotenen Werbeinhalten. Hieraus leiten sich für das Psychologische Tourismusmarketing spezifische Ziele ab, wie beispielsweise:

- Geeignete psychologische Marketingstrategien zu entwickeln und diese zu begründen.
- Neue Anspracheformate zu entwerfen, die sich von bisherigen Marketingmaßnahmen abheben, werbeeffizient sind und später eine hohe Reproduktionsrate der Werbeinhalte ermöglichen.
- Eine bessere Produkt- und Leistungsdifferenzierung zu ermöglichen, um sich von Konkurrenzangeboten zu unterscheiden.
- Soziale Mechanismen, die positiv ausgerichtet sind, im Informationsverarbeitungsprozess einzubeziehen und diese stärken.
- Touristische Produkte und Leistungen über psychologische Effekte in ihrer Attraktivität aufzuwerten.
- Den Prozess der Auswahlentscheidungen zu erleichtern sowie Dissonanzen bei Reisewahlentscheidungen zu vermeiden oder diese zu minimieren.
- Werbeinstrumente zu entwerfen, die eine hohe Werbeeffizienz aufweisen und möglichst Alleinstellungsmerkmale besitzen.

Die Strategien des Psychologischen Tourismusmarketings

5

Unter Strategien versteht man eine grundlegende Ausrichtung, die dazu dient, die gesetzten Marketingziele auf effektive Weise zu erreichen. Im Rahmen des Psychologischen Tourismusmarketings werden vom Autor folgende vier Strategien dafür vorgeschlagen:

Elaborationsstrategie

Die Elaborationsstrategie ist eine Lernstrategie, welche alle Menschen nutzen, um sich neues Wissen anzueignen oder vorhandenes Wissen zu vergrößern. Hierbei werden neue Informationen mit bereits bestehenden Wissens- und Erfahrungssachverhalten verknüpft, was zur Wissenserweiterung oder zur Wissensvertiefung führt. Diese Lernstrategie lässt sich auch werbestrategisch bewusst nutzen, um eine zielgerichtete Verknüpfung von dargeboten Informationen in bereits bestehenden Wissensstrukturen herzustellen. Ein praktisches Anwendungsbeispiel könnte beispielsweise eine Verknüpfung von bereits bekannten Produkten mit ihrer Herkunftsdestinationen sein. Menschen benutzen oder konsumieren täglich eine Vielzahl von Produkten wie Lebensmittel, Gebrauchsgegenstände, Kosmetik, Reinigungsmittel etc. Obwohl diese Produkte ihnen vertraut sind und eine hohe Zufriedenheit aufweisen, wissen die Kunden in der Regel nicht, wo diese Produkte entstehen (z. B. Katjes – Emmerich, Heisse Tasse – Lübeck, Kathi-Backmischungen – Halle, Kamillan – Wernigerode, Staedler-Stifte – Nürnberg, FRoSTA-Produkte – Bremerhaven, Aspirin – Leverkusen, Rotkäppchen-Sekt – Freyburg, Nivea – Hamburg, usw.). Wird das

H.-P. Herrmann, *Basiswissen und Anwendungsbeispiele zum Psychologischen Tourismusmarketing*, essentials, https://doi.org/10.1007/978-3-658-43980-4_5

Einkaufs- oder Alltagsprodukt mit der touristischen Heimat- bzw. Herstellungsregion gezielt verknüpft, so entstehen „Elaborationseffekte", die neben einer stärkeren Aufmerksamkeitslenkung eine tiefere Informationsverarbeitung und - speicherung bewirken. Durch die Verknüpfung erfolgt sowohl eine verbesserte Reproduktionsfähigkeit wie auch eine gegenseitige Aufwertung, wenn bereits eines der beiden Verknüpfungselemente als positiv eingeschätzt wird. Sowohl die verbesserte Einprägung, wie auch die erfolgte Aufwertung hat Auswirkungen auf die Präferenz bei späteren Wahlentscheidungen.

No-wear-out-Strategie

Um in der täglichen Werbeflut Aufmerksamkeit zu generieren, bedarf es immer höherer Reizschwellen, damit der beworbene Gegenstand überhaupt wahrgenommen wird. Dieses erfolgt in Form von immer größeren Werbebilddarstellungen, Wiederholungssequenzen oder einer stärkeren Kundensegmentierung. Da sowohl die gegenwärtigen Werbestrategien wie auch die Werbeinstrumente ebenfalls von der Konkurrenz genutzt werden, wird es immer schwieriger, eine hinreichende Werbedifferenzierung und Werbedurchdringung zu erreichen. Hilfreich könnte es daher sein, einen Strategiewechsel zu vollziehen. Sind die gegenwärtigen Marketingstrategien stark auf Konsistenz der Werbeinhalte ausgerichtet, d. h. ein beständig wiederholtes Zeigen der gleichen Produktdarstellungen, so ist die No-wear-out-Strategie darauf ausgerichtet, dass psychologische Momentum des „Neuen" zu nutzen. Denn neue Reize erzeugen eine unwillkürliche Aufmerksamkeitslenkung. Diese Strategie hat Aussicht auf Erfolg, wenn beständig neue Reize, d. h. Informationen dargeboten werden, die in einem Gesamtkontext stehen und vom Nutzer als interessant oder nützlich angesehen werden. So lesen Menschen täglich die Zeitung oder regelmäßig Zeitschriften, weil hierin beständig neue Informationen enthalten sind, die für sie interessant oder hilfreich erscheinen.

Strategie salienzbezogener Reize

Hierbei wird die Salienz emotionaler Reize, die mit positiven Gefühlen gekoppelt sind, zielgerichtet genutzt, um eine nachhaltige und tiefe Verarbeitung der aufgenommenen Informationen zu erreichen. Die Strategie der salienzbezogener Reize verfolgt dabei nicht so sehr das kurze Momentum der Hinwendung, sondern die Einbindung des interessierenden Objektes in einen gesamtatmosphärischen

Stimmungs- und Umfeldkontext. Was die lange Reproduktionsfähigkeit, z. B. an ein schönes Konzert, einer interessanten Buchlesung, einer Ausstellung etc. ausmacht, ist die entstandene Verknüpfung von Objekten mit emotionalen Handlungs- und Stimmungserlebnissen. Diese Verknüpfung führt dazu, dass die Ablage der Information nicht im semantischen Gedächtnis, dem sogenannten „Begriffsgedächtnis", sondern tendenziell im episodischen Gedächtnis erfolgt. Die Erlebnisinhalte werden wegen ihrer Emotionalität tiefer verarbeitet und sind später aus dem Gedächtnis leichter abrufbar. Während negative Erlebnisse schnell verdrängt werden, haben positive Stimmungserlebnisse eine lange nachhallende Wirkung.

Strategie der Einstellungsänderung

Die stärksten und nachhaltigsten Einstellungen basieren auf den eigenen Wissensinhalten oder persönlichen Erfahrungen, die gegenüber Objekten oder Sachverhalten gesammelt wurden. Mit dieser Strategie wird das Ziel verfolgt, Einstellungen gegenüber Destinationen, touristischen Produkten bzw. touristischen Leistungen positiv zu beeinflussen oder bereits bestehende positive Einstellung langfristig zu festigen. „Das Konstrukt Einstellung lässt sich definieren als gelernte, vergleichsweise dauerhafte Bereitschaft eines Menschen, in einer entsprechenden Situation gegenüber einem bestimmten Objekt (z. B. Produkt, Person, Unternehmung) wertend zu reagieren" (Trommsdorf; Teichert, 2011, S. 126). Einstellungen basieren auf drei unterschiedlichen Komponenten (kognitive Komponente, affektive Komponente und die konaktive Komponente), die miteinander verknüpft sind. Folglich können sich positive Einstellungen nur erfolgreich etablieren bzw. negative Einstellungen verändern, wenn alle drei Komponenten angesprochen werden. Erst die Kenntnis von einem Objekt oder einem Sachverhalt bewirkt, dass es bewertungsmäßig eingeordnet und sich so eine Einstellung zum Objekt oder zum Sachverhalt entwickeln kann.

Die Wirkungseffekte des Psychologischen Tourismusmarketings werden von der gewählten Strategie und den jeweiligen Projektgestaltungsinhalten beeinflusst. Die Übereinstimmung, d. h. die Kongruenz von Strategie und Projekt muss vorhanden sein.

Anwendungsbeispiel zur Elaborationsstrategie

6

Projektbeispiel

Touristische Genussorte/Genussregionen & ihre Genussmarken

Ziel

Ziel des hier aufgezeigten Beispielprojektes ist es, die touristischen Destinationen durch eine Verknüpfung von bereits bekannten Produkten aus diesen Orten oder Regionen besser im Gedächtnis zu verankern.

Strategieansatz

Um touristische Destinationen besser im Bewusstsein von Reiseinteressenten zu verankern, soll hier die Elaborationsstrategie Anwendung finden. Die Elaborationsstrategie ist eine Lernstrategie, welche sich eignet, wenn bereits Wissenssachverhalte vorhanden sind, die sich mit neuen oder weiteren Sachverhalten verknüpfen lassen. Im nachfolgendem Beispielprojekt geht es um die bewusste Verknüpfung von „Genussprodukten" und den Orten oder Regionen, wo diese Produkte entstehen. Durch regelmäßige Einkäufe kennen die Menschen eine Vielzahl von Lebensmittelprodukten und sind mit diesen sehr zufrieden. Was in aller Regel fehlt, ist die Kenntnis der Herstellungsorte. Über die Verknüpfung von Lebensmitteln und deren Herstellungsort entstehen vertiefende Gedächtnisspuren, welche helfen, sich den zugehörigen Herstellungsort oder die Herstellungsregion (hier die touristischen Destinationen), besser einzuprägen. Neben dem

H.-P. Herrmann, *Basiswissen und Anwendungsbeispiele zum Psychologischen Tourismusmarketing*, essentials, https://doi.org/10.1007/978-3-658-43980-4_6

„Aha-Effekt" führt die tiefere Wissensspeicherung dann später zur leichteren Abrufbarkeit.

Projektkurzbeschreibung

Um die Darstellung von Destinationen und ihren Lebensmittelproduktmarken nicht primär als Werbemaßnahmen erscheinen zu lassen, ist es möglich, diese Informationen in ein Mini-Lexikon Tourismuspsychologie (mit Begriffen von A wie Abenteuerlust bis Z wie Zeiterleben) einzubinden. Vorgeschlagen wird hierfür ein Kleinformat von 148 × 105 mm mit ca. 20 Lexikonseiten und bis zu 12 Destinationsseiten. Auf dem Entwurfscover in Abb. 6.1 ist sichtbar dargestellt, dass es sich um ein Mini-Lexikon mit Destinationsempfehlungen handelt.

Bei den eingefügten Destinationen und ihren Genussprodukten kann es sich um Orte eines Bundeslandes, einer Regionalregion oder eines ganzen Landes handeln. Die Abb. 6.2 stellt beispielhaft die Innenseite von lexikalischen Begriffen mit einem eingefügten Ort und seinen kulinarischen Genüssen dar.

Neben der eigenen Abgabeverwendung ist es mit dem Mini-Lexikon in idealer Weise möglich, über seine Buchformgestaltung die Zielgruppe der Reisenden genau dort anzusprechen, wo sie sich über Reiseliteratur informieren. So zum Beispiel durch die kostenlose Auslage im Bereich Reiseliteratur der Stadt- und Kreisbibliotheken oder innerhalb von Buchhandlungen, da hier fast ausschließlich Reiseinteressierte anzutreffen sind.

Durch die integrierte Produktnennungen erscheinen auch Unterstützungsmaßnahmen von Unternehmen denkbar, deren Produkte hier aufgeführt sind.

Psychologische Effekte

Über die Einbindung von Destinationskurzbeschreibungen und ihren zugehörigen Heimatprodukten, welche in ein Mini-Lexikon eingebunden werden, lassen sich eine Reihe von psychologischen wie auch anderer Effekte bewirken. Beispielsweise:

- Bücher besitzen eine hohe sozialisierte Wertigkeit und werden daher weniger schnell entsorgt als Werbebroschüren. Über die Lexikonfunktion erfolgt eine inhaltliche Aufwertung zum Nachschlagewerk, was die Chancen einer höhere Nutzungsdauer verbessert.

Hans-Peter Herrrmann

Mini-Lexikon
Tourismuspsychologie

Mit Empfehlungen zu

Genussorten & ihre
Genussmarken in

(Landeslogo)

Abb. 6.1 Herrmann (Eigendarstellung). Verkleinerte Coverentwurfsseite

- Psychologische Themen besitzen in der Bevölkerung ein allgemein hohes Interessenspotential, weshalb hier eine gesteigerte Aufmerksamkeitslenkung zu erwarten ist.
- Die thematischen Inhalte des Mini-Lexikons sind exklusiv und verkörpern daher ein Alleinstellungsmerkmal. Interessenten finden in dieser Form nichts Vergleichbares.
- Über die Elaborationsstrategie kann auf ideale Weise die Einprägsamkeit dargestellter Destinationen und deren Produkte erhöht werden. Durch die Verknüpfung von Destinationen mit bekannten Produktmarken lassen sich auch Destinationen in ihrer touristischen Aufmerksamkeit nach vorne zu bringen, die bisher in der „zweiten Reihe" stehen.

Aviophobie (Flugangst)

Diese spezifische Angst tritt nur im Zusammenhang mit dem Fliegen auf. Geschätzt wird, dass etwa 16 - 18% der Bevölkerung hiervon betroffen sind, wobei deren Flugangst individuell unterschiedlich stark ausgeprägt ist. Die Spannbreite reicht vom Gefühl des Unbehagens bis hin zur totalen Flugverweigerung. Bereits die Vorstellung, einen Flug zu unternehmen, kann Flugangst auslösen. Häufiger tritt die Flugangst erst bei Situationen auf, die mit dem Flug in einem unmittelbaren Zusammenhang steht, wie bspw. dem Betreten des Flughafens, der Anblick eines Flugzeuges oder das Erleben der Flugsituation selbst. Die aufkommenden Angstgefühle führen dazu, dass der Flug unter einer angespannten Situation erlebt wird. Während des Fluges spielt besonders das Gefühl der Hilflosigkeit, d.h. in Gefahrensituationen nicht eingreifen zu können, eine bedeutende Rolle. Angstauslösende Faktoren können visuelle Reize (Sicherheitsdemonstration, Blick auf Tragflächen, etc.), auditive Reize (Geräusche der Turbinen, Ansagen zur Flughöhe, etc.) oder taktile Reize (Ohrendruck, Sitzpositionsdruck beim Start) sein. Andere Phobien, die im Zusammenhang mit dem Fliegen auftreten, können eine Verstärkung der Flugangst bewirken. Die Symptome der Flugangst sind vielschichtig. Sie zeigen sich sowohl in psychisch bedingten Reaktionen wie Angespanntheit, Nervosität, Gefühlsveränderungen, etc. oder durch physiologische vegetativ-autonomen Reaktionen, die sich besonders durch ein verstärktes Herzklopfen, Muskelanspannungen, Zittern, feuchte Hände oder Atembeschwerden äußern. Zudem erfolgt oft eine gesteigerte Aufmerksamkeit gegenüber dem Umfeld. Heute gibt es eine Reihe von Möglichkeiten, die Flugangst zu minimieren oder zu überwinden.

Behavior Setting

Behavior Settings beschreiben ein oder mehrere feststehende Handlungsmuster, welche an Zeiten und Orte gebunden sind. Die teilnehmenden Personen, z.B. Gäste sind austauschbar. Sie nehmen in der Zeit an diesen Orten eine bestimmte Rolle (Urlauber) ein, deren typische Handlungsmuster bestehen bleiben, auch wenn die Gäste wechseln.

Altenburg (Thüringen)

Altenburg ist eine historische Stadt, welche im Jahr 1976 bereits ihr 1000jähriges Bestehen feierte. Die ehemalige Residenzstadt ist für die Erfindung des Skatspiels bekannt, deren Internationales Skatgericht hier seinen Sitz hat. Im Jahr 1455 erregte die Entführung der Geschwister Ernst und Albrecht Aufsehen, dessen Ereignis als Altenburger Prinzenraub in die Geschichte eingegangen ist. Bereits im 15. und 16. Jahrhundert wurde hier Safran angebaut. Eine Tradition, die von der W^3 Wandel-Werte-Wege gGmbH wiederbelebt wurde und das „Safranleuchten in Altenburger Land" ein touristisches Highlightdarstellt. Viele Kleinode des historischen Altenburgs, wie das „Mauritianum" oder der Skatbrunnen erschließen sich oft erst auf dem zweiten Blick. Zu den sehenswerten Bauwerken gehört ebenfalls das Landratsamt, wo heute die Verwaltungsbehörde des Landkreises Altenburger Land ihren Sitz hat.

Sehenswürdigkeiten (Auswahl)
- Altenburger Residenzschloss (mit Skatkartenmuseum)
- Lindenau-Museum (Kunstmuseum)
- Rathaus (erbaut 1561 – 1564) und Altstadt
- Inselzoo (einer der kleinsten Zoos Europas)
- Kirchen (darunter Brüderkirche, Kirche St. Bartholomäi)

Kontakt & Informationen:
Touristinformation Altenburg
Markt 10, 04600 Altenburg
www.info@altenburg.travel

Genussprodukte aus Altenburg

Altenburger Senf [Logo]

[Logo] Altenburger Bier

Altenburger Ziegenkäse [Logo]

[Logo] Altenburger Liköre

Altenburger Safran [Logo]

Abb. 6.2 Herrmann (Eigendarstellung). Muster einer Doppelinnenseite

- Mit dem Buchformat wird eine noch relativ „unverbrauchte" Werbeanspracheform genutzt. Der Werbeabnutzungsprozess dürfte daher hier weitaus langsamer verlaufen als bei den gebräuchlichen Werbeinstrumenten, die zum Teil bewusst ignoriert werden.

- Im Umfeld der begrifflichen Wissensinformationen, welche als Mini-Lexikon aufbereitet sind, werden die hier enthaltenen Destinationsvorschläge einschließlich zugehöriger Produktnennungen weniger stark als Werbung wahrgenommen.

- Wird das Buch mehrmals in die Hand genommen, so führt die Wahrnehmung der Inhalte zur besseren Einprägung. Auch wenn die hier dargestellten Destinationen nur flüchtig betrachtet werden, so entsteht ein Wirkungseffekt. Denn die nicht willentliche Wahrnehmung führt dazu, dass bei späteren Entscheidungen auch unbewusst wahrgenommene Sachverhalte höher gewichtet und ggf. bevorzugt werden (Mere-exposure-Effekt).
- Mit dem Begriff „Genussprodukte" werden positive Assoziationen verknüpft. Sinnlichkeit und Genuss, wie auch das Reisen sind Teil eines weit verbreiteten Life-balance-Gedankens. Zudem kann die Verknüpfung von Destinationen mit Genussprodukten zu einer Aufwertung der Destination führen.

Projektbeispiel

Digitaler Wissenskalender Urlaub & Reisen

Ziel

Mit dem Wissenskalender „Urlaub & Reisen" wird das Ziel verfolgt, bei Reiseinteressierten ein anhaltendes Informationsinteresse für diese Thematik zu schaffen. Es sollen hierbei interessante Wissensinhalte vermittelt werden, die zu einer Aufwertung von touristischen Informationen und Angeboten führen sollen.

Strategieansatz

Während beim gegenwärtigen Marketing dargebotene Produkte und Informationen innerhalb eines Werbezeitraums unverändert mehrfach dargeboten werden, ist die No-wear-out-Strategie auf die Darbietung beständig neuer und wechselnder Sachverhalte ausgerichtet. Die Strategie bedient sich zweier wesentlicher psychologischer Effekte, dem Neuheitseffekt und dem Wissenseffekt. Sind Produktdarstellungen oder dargebotenen Informationen bereits bekannt, so verlieren sie an Aufmerksamkeitswirkung und werden nicht weiter beachtet. Neue Darstellungen oder Informationen haben hingegen eine starke Aufmerksamkeitslenkung. Ein typisches Beispiel aus dem Alltag sind Schaufenster. Von Schaufensterauslagen, die Menschen kennen, nehmen sie beim Vorübergehen kaum noch Notiz.

H.-P. Herrmann, *Basiswissen und Anwendungsbeispiele zum Psychologischen Tourismusmarketing*, essentials, https://doi.org/10.1007/978-3-658-43980-4_7

Sobald jedoch das Schaufenster umgestaltet wurde, ist es wieder interessant und die Menschen wenden sich den neu dargebotenen Auslagen des Schaufensters zu. Da Menschen zudem bestrebt sind, sich nutzbringendes Wissen anzueignen, sind sie für neue Wissenserkenntnisse, die insbesondere ihre Interessensgebiete tangieren, offen. Beständig neue und interessante Informationen rund um die Thematik Tourismus können bewirken, dass Reiseinteressenten diese dargebotenen Informationen regelmäßig lesen und diese in ihr Wissen integrieren.

Projektkurzbeschreibung

Die Kriterien Neuheit und Wissensvermittlung lassen sich idealerweise über einen touristischen Wissenskalender realisieren. Dieser soll in Form eines digitalen Tageskalender unterschiedliche touristische Themen beinhalten und für alle Interessenten kostenfrei zugänglich sein. Aussicht auf Erfolg hat der digitale Wissenskalender, wenn die:

- touristischen Inhalte interessant und ansprechend sind,
- Informationen für die Leser einen Mehrwert besitzen,
- Inhalte mehrheitlich exklusiv sind, d. h. die Themen besitzen ein Alleinstellungsmerkmal,
- Darbietungen niederschwellig und verständlich erfolgen,
- Inhalte aktivierend wirken (z. B. Urlaubsdetektive) und Lust auf mehr machen,
- Darstellungsinhalte kurz, übersichtlich und prägnant sind.

Eine Gestaltungsumsetzung dieser Kriterien könnte erfolgen, indem auf einer Eingangsseite, wie in der Abb. 7.1 dargestellt, die täglich wiederkehrenden touristischen Themen zunächst dargestellt sind. Die Leser können nun entscheiden, welche der aufgeführten Themen für sie von Interesse sind. Durch das Anklicken des gewählten Themenbereichs öffnet sich die dahinterliegende Themenbeschreibung. Diese beinhalten jeweils kurze Informations- oder Inhaltsdarstellungen. Themen des Wissenskalenders könnten sein:
Durch das Anklicken auf die jeweilige Kategorie öffnen sich die zugehörigen Inhalte. Beispiele zu Gestaltungsinhalten, hier jeweils auf den 1. Januar bezogen, sind:

Das Touristische Kalenderblatt

Das touristische Kalenderblatt	Wussten Sie, dass	Urlaubsdetektive
- Bedeutende Ereignisse der Tourismusgeschichte -	- Wissenswertes zum Tourismus -	- Um welchen Urlaubsort geht es? -
Begriffslexikon Tourismus - Tourismuslexikon -	**Wissenskalender** **„Urlaub und Reisen"** **- Tagesdatum -**	Anzeige Visitenkarten - Regionen und Einrichtungen stellen sich vor -
	Impressum	
Umwelt- und Nachhaltigkeitsinitiativen im Tourismus - Beispiele von Unternehmen der Tourismusbranche	Urlaubszeit ist Lesezeit - Büchertipps -	Tourismussprechstunde - Tourismuspsychologie für Reiseinteressierte

Abb. 7.1 Herrmann (Eigendarstellung). Schematische Darstellung der Eingangsseite

Hier werden täglich ausgewählte Ereignisse dargestellt, die Meilensteine in der touristischen Entwicklung markieren oder von besonderer Bedeutung sind. Unternehmen, die hier Erwähnung finden möchten, können entsprechende Vorschläge zuarbeiten. Beispiel für ein Kalenderblatt:

Touristisches Kalenderblatt 1. Januar

01.01.1902 Gründung der Schweizer Bundesbahnen. Heute gilt die Schweiz mit ihren zahlreichen Panoramastrecken (Glacier Express, Bernina Express, GoldenPassLine, Wilhelm Tell Express, Palm Express, Voralpen Express), die teilweise mit anderen Verkehrs-mitteln gekoppelt sind, als das führende touristische „Bahnland" in Europa

01.01.1951   Der Frankfurter Flughafen darf wieder zivil genutzt wer-
              den. Heute ist der Frankfurter Flughafen (IATA-Code FRA)
              der größte Airport in Deutschland und zugleich weltweit ein
              bedeutendes internationales Drehkreuz
01.01.1991   Der Luftverkehr innerhalb der Europäischen Union wird lib-
              eralisiert. In deren Folge kommt es, wie zuvor in den USA,
              zur Gründung von zahlreichen Billigfluggesellschaf-ten und
              zu massiven Preiskämpfen
01.01.2013   Das Beschränkungsverbot für Fernbuslinien in Deutschland
              wird aufgehoben. Mit der Liberalisierung des Busfernlinien-
              verkehrs entstehen zahlreiche neue Busunternehmen, die sich
              aber mehrheitlich nicht etablieren konnten

Begriffslexikon Tourismus

In diesem Lexikon werden täglich wesentliche touristischen Begriffe in alpha-
betischer Reihenfolge aufgeführt.

Begriffslexikon Tourismus
Abenteuerreisen

Abenteuerreisen sind durch eine starke Erlebnisausrichtung geprägt,
welches ein gewisses Wagnis darstellt oder unbekannte Erlebniselemente
enthalten. Abgeleitet ist der Begriff „Abenteuer" vom lateinischen "adven-
tura" bzw. "adventicius", was Ereignis, Geschehnis oder Außergewöhn-
liches bedeutet. Eine einheitliche Definition zum Begriff Abenteuerreise
existiert in der Tourismus-wissenschaft nicht, weshalb deren Abgrenzung
zu Erlebnis- oder Aktivreisen unscharf bleibt. Reiseveranstalter wie auch
den Reisenden bleibt es überlassen, selbst zu entscheiden, was für sie eine
Abenteuerreise darstellt. Ein wesentliches Motiv für Abenteuererlebnisse ist
der Drang, zeitweilig aus dem Alltagsleben auszusteigen und etwas Neues
zu erleben. Bei der Abenteuerlust geht es darum, etwas Besonderes zu
erleben, Geheimnisvolles zu ergründen, Grenzsituationen zu erfahren oder
auch eine Selbstbestätigung zu finden

Abfertigungs- und Flughafengebühren
Bei diesen Gebühren handelt es sich um bereits im Flugpreis inkludierte Abgaben. Hierzu gehören die Luftsicherheitsgebühr und die Luftverkehrssteuer, welche vom Bund festgelegt werden. Andere Gebühren wie Passagierentgelte, Emissionsentgelte, Abstell- und Bewegungsentgelte oder Umlagen für mobileingeschränkte Menschen werden durch die Betreiber der Flughäfen festgelegt, weshalb diese je nach Abflughafen unterschiedlich hoch sind und einen Teileinfluss auf den Flugpreis nehmen

Umwelt- und Nachhaltigkeitsinitiativen

Die Sensibilität in Fragen Klimaschutz und Nachhaltigkeit nimmt bei Reisenden zu und wird ein immer bedeutender Faktor bei Reiseentscheidungen. Unter diesem Themenfeld sollen täglich konkrete Initiativen von Akteuren der Tourismuswirtschaft (Destinationen, Reiseveranstalter, Reisemittler, Verkehrsträger, Hotellerie und weitere touristische Leistungsträger) aufgezeigt werden, welche konkrete Umwelt- und Nachhaltigkeitsinitiativen umsetzen.

Umwelt- und Nachhaltigkeitsinitiativen im Tourismus
Im Rahmen des Welttourismustages 2023 hat der Erlebnisreiseveranstalter G Adventures mit der Initiative „Trees for Days" eine Baumpflanzaktion gestartet. Jeden Tag, den ein Reisender auf einer G-Adventures-Tour verbringt, wird vom Veranstalter im Namen des Gastes ein Baum gepflanzt. Rückwirkend wurden für Reisende seit dem 1. Januar 2023 bis zum Herbst 2023 mehr als eine Million Bäume in Argentinien, Sri Lanka, Kenia, Marokko und Uganda gesetzt
Die LCC Reisebüro AG, eine Marke der Lufthansa City Center hat im März 2023 ihr erstes „Grünes Reisebüro" aus der Taufe gehoben. Mit diesem ersten Filialbüro in Freiburg werden ausschließlich Reiseveranstalter und Hotels im Angebot geführt, die sich durch ein umweltfreundliches, sozialverträgliches und ressourcenschonendes Handeln auszeichnen
Das Softwareunternehmen Peakwork hat in seinen Reiseinformations- und Buchungssystem Bistro das Siegel „Stayfair" für nachhaltige Hotels eingeführt. Mit dem Beratungssystem Peak work Set wurden gemeinsam mit dem Deutschen Reiseverband (DRV) und dem Green Travel Index entsprechende Standards mit 150 Reiseattributen für nachhaltiges Reisen geschaffen

Wussten Sie, dass ....

In diesem Themenbereich soll täglich Interessantes und Wissenswertes veröffentlicht werden, was touristische Bezüge aufweist.

Wussten Sie, dass ...

... die Hamburger Reederei Hapag-Lloyd Cruises die weltweit besten Kreuzfahrtschiffe betreibt und vom Insight Guides Crusing & Cruise Ship" (vormals Berlitz Cruise Guide) mit dem Titel „Beste Flotte weltweit" ausgezeichnet wurde. Als einzige Reederei erhielten von über 340 getesteten Schiffen alle fünf Schiffe der eigenen Flotte die maximale Sternenzahl. Bereits seit vielen Jahren führt Hapag-Lloyd Cruises das Ranking der weltweit besten Kreuzfahrtschiffe an

... dass es einen sogenannten Harry-Potter-Zug, den „The Jacobite" gibt, der mit dem „Hogwarts-Express" verglichen wird. Der Zug verkehrt, außer im Winter durch die schottischen Highlands auf der Strecke zwischen Fort William nach Mallaig an der Westküste und überquert das Glenfinnan-Viadukt, dass aus der Verfilmung von Harry Potter bekannt ist. Betreiber ist die West Coast Railway

... die älteste Airline, die noch ihren Gründernamen trägt, die KLM Royal Dutch Airline ist. Sie wurde am 7. Oktober 1919 gegründet

... auch Regierungschefs bei Auslandsreisen einen Reisepass benötigen. So antwortete die Ex-Kanzlerin Angela Merkel auf die Frage eines Reporters: „Brauchen Sie als Bundeskanzlerin auf Reisen in ferne Länder eigentlich einen Reisepass?" mit „natürlich". (Vgl. DB mobil, 2021, S. 35)

Urlaubszeit ist Lesezeit

Da im Urlaub viel gelesen wird, sollen hier Lesetipps aus dem gesamten Literaturspektrum, welche von Belletristik über Sachbücher bis hin zur Reiseliteratur reichen können, veröffentlicht werden. Die Empfehlungen können durch Verlage, Bibliotheken, Buchhändler oder anderer Experten erfolgen.

Verlagseinstellung. Tägliche Coverabbildung eines Buches mit Rückseite (Buchkurzbeschreibung)

Urlaubsdetektive

Die hier verwendeten Beschreibungen sollen zur Aktivierung des bisherigen touristischen Destinationswissens beitragen, sowie Wissenskenntnisse auf unterhaltsame Weise erweitern wie auch Interesse für Neues wecken. Am jeweils darauffolgenden Tag erfolgt die Auflösung der Destinationsbeschreibung.

Urlaubsdetektive

Gesucht wird eine Stadt am Neckar, die mit über 13 Mio. Besuchern im Jahr bei in- und ausländischen Gästen sehr beliebt ist. Das Gebiet war bereits von den Kelten und Römern besiedelt, bevor 1196 die Stadtgründung erfolgte. Vom 13. Jahrhundert bis 1720 war sie kurpfälzische Residenzstadt. Im Jahr 1386 wurde hier die Ruprecht-Karls-Universität gegründet, welche heute die älteste Universität Deutschlands ist. Heute gibt es fünf Hochschulen mit insgesamt rund 39.000 Studierenden in der Stadt. Es ist zugleich eine junge Stadt, denn mehr als ein Drittel der Einwohner sind unter 30 Jahre. Am Ende der romantischen Altstadt erstreckt sich auf einer Anhöhe das teilinstantgesetzte Schloss, in dem Goethe mehrfach zu Gast war. Auf der Scheffelterasse des Schlosses traf Johan Wolfgang von Goethe im Alter von 65 Jahren seine letzte große Liebe, die begabte Dichterin Marianne von Willemer. Mit ihr unternahm er regelmäßige Spaziergänge im Schlossgarten, was ihn zur Dichtung von Versen inspirierte. Auf einer aufgestellten Tafel ist zu lesen: „Zur Erinnerung an die Beziehung der Liebenden ließ man 1919 im hinteren Schlosspark eine Bank aus Muschelkalk aufstellen." Auf der anderen Seite des Flusses erstreckt sich auf einem erhöhten Pfad der Philosophenweg, von dem ein Panoramablick auf das Schloss möglich ist. Der Philosophenweg gibt auch Hinweise auf andere Persönlichkeiten, die in dieser Stadt gelebt und gewirkt haben. Hierzu gehört der Dichter Hölderlin, zu dessen Ehre am Philosophenweg eine Hölderlin-Anlage angelegt wurde

Wissen Sie, in welcher Stadt unser Urlaubsdetektiv unterwegs ist? (Die Auflösung erfolgt am folgenden Tag)

Visitenkarten

Hier können sich Destinationen, Reiseveranstalter, Vertriebsorganisationen, Hotels & Beherbergungseinrichtungen, Airlines, Autovermieter, weitere touristische Leistungsträger wie auch andere interessierte Unternehmen aus dem angrenzenden Tourismusbereich präsentieren. Diese Seite wird als Werbeanzeige gekennzeichnet.

Visitenkarten   Werbeanzeige
Die Gestaltung dieser Seite erfolgt durch die jeweiligen Interessenten

Tourismussprechstunde

Bei dieser Wissenskategorie geht es um tourismuspsychologische Fragestellungen, die Reisende im Zusammenhang mit ihrem Urlaub bewegen. Zum Beispiel: Wie entstehen Reisewünsche, Welcher Urlaubstyp bin ich?, Was ist Urlaubsglück?, Wieso wird der Urlaub als stresshaft erlebt?, Verändert sich im Urlaub das Zeiterleben?, Wie entsteht Jetlag? usw. Jeden Tag wird hierzu eine tourismuspsychologische Frage erläutert.

Tourismussprechstunde
Wie entsteht Jetlag?
Der Jetlag ist eine Stressreaktion, welche auftritt, wenn es in Folge einer Zeitverschiebung zu einer erheblichen Veränderung des gewohnten biologischen Rhythmus kommt. Viele Körperfunktionen sind dem kontinuierlichen Schlaf-Wach-Rhythmus angepasst und produzieren hierfür entsprechende Hormone und Bodenstoffe. Kommt es infolge des Überfliegens mehrerer Zeitzonen zu einer Zeitverschiebung, so muss sich der Körper den geänderten Tag-Nacht-Rhythmus am Zielort anpassen. Wegen der Zeitverschiebung stehen nun notwendige Hormone und Bodenstoffe, welche im gewohnten biologischen Rhythmus bereitgestellt werden, nicht mehr in ausreichender Menge zur Verfügung. Typische Folgeerscheinungen hiervon sind Abgeschlagenheit, eine erhöhte Reizbarkeit, Konzentrationsschwäche, Appetitlosigkeit, Verdauungsstörungen und eine allgemein

verminderte geistige Leistungsfähigkeit. Die Intensität eines Jetlags hängt entscheidend von der Anzahl der überflogenen Zeitzonen sowie der Flugrichtung ab. Bei längeren Flügen von westlicher in östlicher Richtung ist der Jetlag-Effekt oft stark ausgeprägt, weil es hier zu einer Zeitverkürzung kommt. Zeitverkürzungen verursachen eine stärkere Desynchronisation des biologischen Rhythmus und verursachen größere Stressreaktionen als Flüge in die gegenteilige Richtung. Flüge vom Norden nach Süden und umgekehrt haben hingegen kaum Auswirkungen auf den Jetlag, da hier keine großen Zeitverschiebungen entstehen. Wie individuell stark der Jetlag empfunden wird, hängt von weiteren Faktoren ab, wie etwa vom Alter, der körperlichen Fitness, bisherige Jetlag-Erfahrungen oder Ess- und Trinkgewohnheiten. Auch verschiedene äußere Einflüsse, wie Startzeit und Flugbedingungen können den Jetlag beeinflussen

Eine Kalender-Demoversion finden Sie unter: www.urlaubsschlau.de
(Erstellt von Constanze Deten und Hans-Peter Herrmann)

Der Wissenskalender „Urlaub & Reisen" kann auch auf spezifizierte Anbieter (Destination, Reiseveranstalter, Reisevertriebsorganisation, Airports und andere Touristische Leistungsträger) zugeschnitten werden, indem Themen dann durch jeweils anbieterrelevante Inhalte ersetzt werden.
Die Finanzierung des digitalen Wissenskalenders kann über generierte Anzeigen, welche unter der Thematik „Visitenkarte" vorgesehen sind, realisiert werden.

Psychologische Effekte

Bei der Umsetzung des hier beschriebenen Projektvorschlags lassen sich folgende psychologische, wie auch weitere positive Effekte generieren.

- Wissen tangiert alle wesentlichen Lebensbereiche und besitzt daher eine sehr hohe Wertigkeit. Denn Wissen korreliert mit persönlichem Erfolg. Je mehr Wissen zu einem Sachverhalt besteht, desto schneller und sicherer können richtige Entscheidungen getroffen werden.

- Das Streben nach Wissen, insbesondere in Bezug auf interessierende Sachverhalte hält über die gesamte Lebensspanne an. Bei einer Reiseintensität von über 70 % (d. h., eine jährliche mindestens fünftägige Urlaubsreise von Personen über 14 Jahren) kann davon ausgegangen werden, dass Wissenssachverhalte zum Thema Urlaub und Reisen ein sehr hohes Interessenspotential besitzen.
- Der enorme Zulauf von Senioren zu speziellen Wissensangeboten der Universitäten und Hochschulen (sog. Senioren-Hochschulen bzw. Senioren-Kollegs) zeigt das vorhandene Bildungsinteresse in dieser Altersgruppe. Da die Reiseintensität der älteren Generation unwesentlich von denen anderer Altersgruppen abweicht, dürften Wissenssachverhalte zum Thema Urlaub und Reisen auch bei dieser Zielgruppe auf Zuspruch stoßen.
- Über die kostenlose Bereitstellung eines informativen und interessanten Wissenskalender entsteht ein persönlicher Mehrwert. Dieses erhöht die regelmäßige Nutzungsbereitschaft und ermöglichst die Platzierung von Werbemöglichkeiten, ohne dass Reaktanzverhaltensreaktionen zu erwarten sind.
- Die Einbettung von Werbeangeboten (hier in der Rubrik Visitenkarten) innerhalb seriöser Wissenssachverhalte lassen diese Angebote mehr sach- und weniger werbebetont wirken. Eine Aufwertung der Werbeangebote im Umfeld von interessanten Wissenssachverhalten ist zudem wahrscheinlich.
- Bei Werbemaßnahmen mit Mitteln des gegenwärtigen Marketings erfolgt gewöhnlich eine schnelle Informationssättigung. Mit dem Wissenskalender, der tägliche neue Informationen enthält, erfolgt eine Umgehung der Informationssättigung.
- Reisemotive sind beständig latent vorhanden. Die Wissensbeschäftigung mit dem Thema Urlaub und Reisen kann eine Aktivierung vorhandener Reisewünsche bewirken oder diese verstärken. Ihre Aktivierung tritt besonders dann ein, wenn kongruente Wissensimpulse gegeben werden.
- Die Aufnahme bzw. Zuwendung gesellschaftlich relevanter Themen, wie hier Umwelt- und Nachhaltigkeitsinitiativen der Tourismusbranche, können die Glaubwürdigkeit der Darstellungen erhöhen.

Projektbeispiel

Ausstellung „Schönste Reisekataloge & Magaloge"

Ziel

Mit der Ausstellung „Schönste Reisekataloge & Magaloge" wird eine zielgerichtete Aufmerksamkeitslenkung auf touristische Destinationen angestrebt. Der Projektvorschlag ist darauf ausgerichtet, touristische Informationen aus der Werbeflut herauszuheben und diese über die Ausstellung einer besonderen Gewichtung zuzuweisen. Die aktive Zuwendung und einer damit einhergehenden tieferen Informationsverarbeitung sollen zu einer stärkeren Präferierung dargestellter Destinationen führen.

Strategieansatz

Für diesen Projektvorschlag soll die Salienz emotionaler Reize zielgerichtet genutzt werden, um eine nachhaltige und tiefe Verarbeitung der aufgenommenen Informationen zu erreichen. Die Ausstellung ist geeignet, über emotionale Bilder positive Gefühle zu wecken, welche Vorfreude auf den bevorstehenden Urlaub hervorrufen und bereits positive Stimmungen verstärken. Da die Besucher aufgefordert sind, bewusste Bewertungsentscheidungen zu treffen, werden hier auch Elemente der Einstellungsänderungsstrategie wirksam.

H.-P. Herrmann, *Basiswissen und Anwendungsbeispiele zum Psychologischen Tourismusmarketing*, essentials, https://doi.org/10.1007/978-3-658-43980-4_8

Gelingt es, mit der Ausstellung einen gesamtatmosphärischen Stimmungs- und Umfeldkontext zu schaffen, so wird die Ausstellung lange im Gedächtnis haften bleiben und eine nachhallende Wirkung entfalten.

Projektkurzbeschreibung

Die Ausstellung „Schönste Reisekataloge & Magaloge", könnte im Rahmen einer Buchmesse, eines Lesefestes oder einer ähnlichen Veranstaltung, welche öffentlich und frei zugänglich ist, durchgeführt werden. In der Ausstellung sollen Reisekataloge und Magaloge gezeigt werden, deren Gestaltung als besonders gelungen anzusehen sind und sich diese durch qualitativ bildhafte Darstellungen auszeichnen. Um den Reiseinteressenten eine hinreichende Auswahl zu bieten, ohne diese zu überfordern, sollte die Ausstellung auf 40 bis 60 Reisekataloge/ Magaloge begrenzt sein. Jeder Ausstellungskatalog bzw. Magalog wird auf einer Wandtafel dargestellt, wo neben dem Cover wesentliche Bilder und -inhalte „auf einen Blick" sichtbar werden. Interessenten können bei Bedarf im beigelegten aber angebundenen Originalkatalog bzw. Magalog blättern, um sich einen vertiefenden Einblick zu verschaffen. Durch die „Anbindung" sollen unbedarfte Mitnahme- und Sammelaktivitäten vermieden werden. Vielmehr sollen sich die Reiseinteressenten ihre Lieblingskataloge bzw. Magaloge „erarbeiten", indem sie in einer vorgedruckten Liste, wo alle ausgestellten Kataloge und Magaloge aufgelistet sind, jene drei ankreuzen, die sie als „Schönste Reisekataloge bzw. Magaloge" ansehen. Bei Abgabe der Liste erhalten Sie im Gegenzug die von ihnen favorisierten Kataloge bzw. Magaloge.

Mit der Aufforderung, eine Bewertungsentscheidung zu treffen, wird erreicht, dass die Besucher sich bewusst den gezeigten Katalogen und Magalogen zuwenden. Um Abwägungsentscheidungen hinsichtlich der persönlichen Präferenz treffen zu können, müssen kognitive Prozesse aktiviert werden, die zu bewusstseinsbildenden Bewertungen führen. Diese verarbeiteten Informationen werden ins Langzeitgedächtnis überführt und bei späteren Reisewahlentscheidungen mit berücksichtigt.

Am Ausstellungsende erfolgt eine Auszählung aller Stimmen. Das Ergebnis der Best-platzierten kann zusätzlich der Presse zur weiteren Verwendung zugearbeitet werden.

Psychologische Effekte

Mit der Ausstellung "Schönste Reisekataloge & Magaloge" lassen sich folgende psychologische Effekte bewirken:

- Mit dem Ausstellungstitel "Schönste Reisekataloge & Magaloge" wird das "Besondere" betont und den hier ausgestellten Katalogen bereits eine hohe Wertigkeit zugesprochen. Durch diese zugesprochene Wertigkeit werden die Ausstellungsbesucher veranlasst, sich diesen Prospekten und Magalogen in besonderer Weise zuzuwenden. Um zu ergründen, was das Besondere an diesen Prospekten ist, erfolgt eine bewusste inhaltlich Betrachtung mit anschließender persönlicher Bewertung.
- Über die bewusste Katalogzuwendung wird eine intensive Informationsaufnahme und -verarbeitung aktiviert, was zur Bildung entsprechender tiefer Gedächtnisspuren führt. Diese können bei späteren Reiseentscheidungen von entscheidender Bedeutung sein, weil leicht abrufbare Informationen Präferenztendenzen befördern.
- Mit dem Begriff "Schönste Reisekataloge & Magaloge" entstehen assoziative Verknüpfungen an bisherige Urlaubsreisen, welche in der Regel positiv gewichtet sind.
- Die unmittelbare Begegnung mit emotional gestalteten Prospekten, insbesondere Urlaubsbildern, kann helfen, latent vorhandene Urlaubswünsche zu aktivieren oder zu verstärken.
- Eigene erarbeitete Leistungen, d. h. sich die Prospekte und Magaloge hier selbst „verdient" zu haben, werden in der Wertigkeit höher gewichtet, als geschenkte Leistungen, wie beispielsweise eine Katalogmitnahme ohne Gegenleistung.
- Ausstellungszeitpunkte am Jahresanfang erscheinen besonders günstig, weil viele Menschen zu diesem Zeitpunkt noch keine abschließende Entscheidung zum bevorstehenden Haupturlaub (Sommerurlaub) getroffen haben. Für Menschen, die sich zu diesem Zeitpunkt überhaupt noch nicht mit ihrem diesjährigen Urlaub auseinandergesetzt haben, wird mit diesen „Erstinformationen" ein Beschäftigungsprozess angestoßen. Dieses ist bedeutsam, weil Erstinformationen tendenziell stärker als nachfolgende Informationen gewichtet und gespeichert werden.
- Werden die Besucher angehalten, über den Titel "Schönste Reisekataloge & Magaloge" mit zu entscheiden, so erfolgt eine bewusste Auseinandersetzung mit dem Betrachtungsgegenstand. Dieses führt nicht nur wegen der intensiveren Informationsverarbeitung zu einer besseren Speicherung und späteren

Reproduktionsfähigkeit, sondern wertet auf Grund der Teilhabe diese Inhalte auf. Zudem werden Informationen aufgenommen, die sonst nicht beachtet worden wären.

- Den persönlich ausgewählten Prospekten bzw. Magalogen wird per se eine erhöhte Wertigkeit zugesprochen. Hierdurch erfolgt bereits eine Präferenzbildung sowie eine gewisse Vorprägung für bestimmte Destinationen oder Produktmarken.
- Die vorausgegangene intensive Beschäftigung mit dem Prospekt bzw. Magalog erhöht die Wahrscheinlichkeit, dass die ausgewählten Materialien wegen ihrer persönlich eingeschätzten Wertigkeit zu Hause nochmals in Ruhe betrachtet und im Gegensatz zu anderen Prospekten weniger schnell entsorgt werden.
- Im Unterschied zu Tourismusmessen, wo den Besuchern eine Katalogflut entgegentritt, ist die Anzahl an Katalogen bzw. Magalogen hier begrenzt. Dieses bewirkt das Ausbleiben möglicher negativer Effekte, wie beispielsweise einer Reaktanz.

Die psychologische Salienz-Wirkung der Ausstellung kann durch korrespondierende Veranstaltungen weiter erhöht werden. Beispielsweise durch touristische Buchlesungen oder durch Kunstwerke junger Künstler zum Thema „Urlaubsimpressionen", die in der Ausstellung den Katalogen und Magalogen gegenübergestellt werden.

Projektbeispiel

Gewinnung touristischer Fachkräfte

Ziel

Mit einem neuen Anspracheformat soll eine zielorientierte Aufmerksamkeitslenkung auf die vielseitigen Berufsmöglichkeiten im Tourismus erfolgen, sowie ein Einstieg zur erforderlichen Einstellungsbildung geschaffen werden. Die Chancen zur Gewinnung von touristischen Arbeitskräften sollen hierdurch verbessert werden.

Strategieansatz

Die Arbeitskräftesituation wird sich im Tourismus, wie in fast allen anderen Bereichen durch den demografischen Wandel noch weiter verschärfen und zu einem noch stärkeren Konkurrenzkampf um benötigte Fachkräftekräfte führen. Gleichzeitig nimmt die Wirksamkeit klassischer Akquiseformen, wie Anzeigen, Jobmessen oder spezifische Plakatwerbungen ab, was sich in kontinuierlich sinkenden Ansprachequoten niederschlägt. Ähnlich wie beim damaligen Wandel vom Verkäufer- zum Käufermarkt hat sich auch bei den Arbeitskräften ein grundlegender Wandel von Angebot und Nachfrage vollzogen. Das Bewusstsein der Arbeitnehmer hinsichtlich ihres Marktwertes nimmt zu und gleichzeitig verändert sich das Informationsverhalten der Umworbenen. Potentielle Arbeitskräfte

H.-P. Herrmann, *Basiswissen und Anwendungsbeispiele zum Psychologischen Tourismusmarketing*, essentials, https://doi.org/10.1007/978-3-658-43980-4_9

entscheiden sich auf Grund der Vielfalt an Möglichkeiten nicht mehr spontan und zeitnah, sondern wägen vorhandene Möglichkeiten sorgfältiger ab. Um Arbeitskräfte zu gewinnen, bedarf es daher mehr als eine einmalige Werbeansprache, denn Entscheidungen werden heute auf Grund von Auswahlalternativen in einem mehrstufigen Informationsverarbeitungsprozess getroffen. In diesem Prozess werden mehrere Angebotssachverhalte geprüft, bewertet und mit anderen Angeboten verglichen. Am Ende dieses Prozesses werden Entscheidungen für oder gegen diese Jobangebote getroffen. Erfolgsversprechend sind daher Anspracheformen, die beim Erstkontakt bereits einen hohen Ankerimpuls besitzen und einen Einstellungsänderungsprozess anstoßen.

Projektkurzbeschreibung

Einstellungsänderungen, wie beispielsweise der Schritt in ein neues Arbeitsverhältnis oder gar ein Wechsel in die Tourismusbranche vollziehen sich als Prozess und lassen sich in der heutigen Arbeitskräftesituation nicht mehr mit einer einmaligen Anzeige oder anderen Kontaktform erreichen. Einstellungen sind verfestigte persönliche Haltungen, die sich besonders auf eigene Erfahrungen oder Wissenssachverhalte stützen. Aufgebaute persönliche Einstellungen setzen sich aus drei wesentlichen Komponenten zusammen:

- Kognitive Komponente (Wissen)
- Affektive Komponente (Emotionen)
- Konaktive Komponente (Volition)

Einstellungsänderungen haben nur Aussicht auf Erfolg, wenn alle drei Komponenten berücksichtigt werden. Um eine Einstellungsänderung in Gang zu setzen, bedarf es zunächst einer starken Aufmerksamkeitslenkung auf die zu bewerbenden Jobangebote. Hierfür wird als abhebbares Anspracheformat die Erstellung eines Tourismuslesebuches vorgeschlagen, wo in Kurzgeschichten die Erfolgsentwicklung des Tourismus aus unterschiedlichen Bereichs- und Unternehmensperspektiven erfolgt. Am Ende jeder unternehmensbezogenen Kurzgeschichte sind die Kontaktdaten des Unternehmens bzw. Organisation sowie die Berufe, für die Arbeitskräfte gesucht werden, benannt. Mit der Nennung der Vielzahl von unterschiedlichen Jobmöglichkeiten (die beispielsweise bei einem Flughafen und dessen Nutzer von A wie Anpacker über Flugbegleiter, Piloten, Reisemittler in Flughafenbüros, Servicekräfte in Verkauf/Gastronomie, bis Z wie Zollbeamte, reichen), ergibt sich zugleich die Möglichkeit, auf die umfangreichen und vielseitigen Arbeitsmöglichkeiten in den unterschiedlichen touristischen Bereichen hinzuweisen. Die Kenntnis von Jobmöglichkeiten ist eine wesentliche Voraussetzung für den Anstoß, über neue Jobmöglichkeiten nachzudenken. Das Tourismuslesebuch soll kostenfrei an Interessenten abgegeben werden. Um einen ersten Handlungsimpuls zu setzen, wird das Tourismuslesebuch, wie im Coverentwurf der Abb. 9.1 dargestellt, mit dem Untertitel „Erfolgsgeschichten des Tourismus – werde Teil der zukünftigen Tourismusentwicklung" versehen.

Für den Buchinhalt werden ca. 120–150 Kurzgeschichten aus allen touristischen und angrenzenden Bereichen vorgeschlagen, welche die touristische Bandbreite abbilden. Hierzu gehören beispielsweise Kurzgeschichten zu:

Tourismuslesebuch

Touristische Erfolgsgeschichten – werde
Teil der zukünftigen Entwicklung

Mit Unternehmenskontaktdaten
und ihren Jobangeboten

Abb. 9.1 Herrmann (Eigendarstellung) Verkleinerter Buchcoverentwurf

- Reiseveranstaltern
- Reisemittlern
- Airlines und Airports
- Kreuzfahrtanbieter
- Autovermieter/Mietwagenbroker
- Bahnen/Bahntouristik
- Bustouristik
- Destinationen einschließlich Kurorte und Heilbäder
- Reiseversicherungen
- Hotellerie und Gastronomie
- Incoming-Agenturen, Reise-/Touristenführer
- Tourismusmessen, Tourismusausbildung an Hochschulen.
- Weitere touristische und angrenzende Bereiche

Überlegenswert ist ferner, wie sich benötigte Saisonkräfte, einschließlich Studenten in die Ansprache einbinden lassen.

Die Kurzgeschichten sollten eigenständige „Puzzleteile" der erfolgreichen touristischen Entwicklung sein, die kurz, prägnant und verständlich beschrieben sind. Beispielsweise:

Frauenpower im Cockpit

Als erster Mensch gelingt es im Jahr 1893 Otto Lilienthal den Menschheitstraum vom Fliegen wahr werden zu lassen. Mit seinen systematischen Gleitflugversuchen erreicht er Flugweiten von bis zu 250 m. Wesentlich entscheidender waren seine physikalischen Erkenntnisse zum aerodynamischen Auftrieb an Tragflächen, die den Durchbruch für weitere Flugzeugentwicklungen darstellten. Bereits zehn Jahre später basteln die Brüdern Wilbur und Orvill Wright an ersten Motorflugzeugen. Auch wenn der erste erfolgreiche Motorflugversuch von Orvill Wright am 17. Dezember 1903 nur 12 s dauerte und eine Strecke von 37 m zurücklegte, wurde mit diesem Flug der Grundstein für den heutigen modernen Luftverkehr gelegt. Fortan ging es nicht nur um die technische Weiterentwicklung der Flugzeuge, sondern auch um deren Steuerung. Neben Piloten gab es bereits in der jungen Fluggeschichte Frauen, die Flugzeuge steuerten. Am 8. März bestand die Französin Èlise Lèontine Deroche, bekannt auch unter den Namen Baronin Raymonde de Laroche, als erste Frau der Welt die Pilotenprüfung des Aèro-Club de France. Die erste Frau, die in Deutschland eine Prüfung zum

Erwerb eines Privatpilotenscheines ablegte, war Amelie Hedwig Boutard-Beese. Am 13. September 1911 bestand sie die Flugzeugführerprüfung des Vereins des Deutschen Luftfahrtverbandes und erhielt die Flugzeugführerlizenz Nummer 115. Marga von Etzdorf, welche im Dezember 1927 ihre Flugprüfung bestand, war dann die erste Frau, welche eine Stelle als Copilotin bei der Vorgängergesellschaft Luft Hansa erhielt. Aufsehen erregte ihr Privatflug, wo sie mit einer Junkers A 50 ce von Berlin nach Tokio flog. Nach 12 Tagen und mehreren Zwischenlandungen erreichte sie am 29. August 1931 die japanische Hauptstadt. Im Jahr 1932, nur fünf Jahre nach den Sensationsflug von Charles Lindberg überquert die amerikanische Pilotin Amelia Earhart als erste Frau 1932 im Alleinflug den Atlantik. Spektakulär waren auch die Leistungen der amerikanischen Pilotin Jaquelin Cochran, die zahlreiche Flugrekorde aufstellte und im Jahr 1953 als erste Pilotin die Schallmauer durchbrach. Nach dem zweiten Weltkrieg wurde Lufthansa neu gegründet und nahm am 1. April 1955 den Linienflugbetrieb wieder auf. Während die Kabine weitgehend von Flugbegleiterinnen dominiert wurde, und auch die Position des Pursers oft weiblich besetzt war, dauerte es jedoch noch einige Jahre, bis wieder Pilotinnen bei LH im Cockpit Platz nehmen konnten. Die ersten Pilotinnen bei Lufthansa waren Nicola Lisy und Evi Hetzmansender, die im August 1988 als Co-Pilotinnen ihre Tätigkeit aufnahmen. Im Januar 2000 erfolgte dann die Beförderung von Nicola Lisy zur ersten weiblichen Flugkapitänin bei Lufthansa. In den Cockpits der Lufthansa Goup Airlines arbeiten derzeit mehr als 10.000 Pilotinnen und Piloten. Der Anteil von Pilotinnen innerhalb der gesamten Lufthansa Group liegt bei rund sechs Prozent. Bei der Marke Lufthansa sind es bereits sieben Prozent, die als Kapitäninnen oder Co-Pilotinnen im Cockpit sitzen. Am 8. März 2018 ging auf dem Flug von Frankfurt/Main nach Houten/Texas die erste rein weibliche LH-Crew in die Luft. Für die Tatsache, dass Cockpitdurchsagen „Hier spricht Frau Kapitänin …." in Zukunft noch häufiger zu hören sein werden, spricht der Umstand, dass etwa 15 % der Nachwuchspiloten weiblich sind.

Informationen zur Ausbildung und Bewerbung von Piloten/innen und Flugbegleitern erhaltenen Sie bei:

....

....

Um einen hohen Aufmerksamkeitsgrad bei der Arbeitskräftegewinnung zu generieren, ist idealerweise ein gemeinsames Vorgehen aller Interessenten der

Tourismusbranche sinnvoll. Dieses könnte beispielsweise in einer konzertierten Aktion am Welttag des Tourismus oder zum Welttag des Buches sein, wo alle daran interessierten Unternehmen, Verbände und Institutionen (unabhängig davon, ob sie im Buch namentlich genannt sind) an ihren jeweiligen Orten zu einer Tourismuslesung einladen. Je nach Interessenslage der Unternehmen können dann ausgewählte Buchkapitel vorgestellt und mit eigenen Unternehmensinformationen verknüpft werden. Die regionale Durchführung der Buchlesungen erscheint sinnvoll, weil es vorrangig um die Gewinnung regionaler Arbeitskräfte geht. Die Aktion könnte durch die führenden touristischen Verbände gemeinsam geplant und mit interessierten Unternehmen beworben und umgesetzt werden. Im Nachgang an diese zentrale Aktion kann das Tourismuslesebuch im Rahmen weiterer geeigneter Veranstaltungen (wie beispielsweise Lesefeste in den Städten) oder für eigenen Unternehmensevents (z. B. Flughafenfeste) weitergenutzt werden.

Die Vielzahl an bereits durchgeführten Buchlesungen zu anderen unterschiedlichen Themen zeigt, dass diese Form gut angenommen wird.

Bereits in der Werbung für diese Tourismuslesungen sollte für potentielle Interessenten sichtbar sein, dass es neben der Entwicklungsgeschichte des Tourismus auch um Jobmöglichkeiten in diesem Bereich geht. Um einen Anreiz zur Teilnahme zu schaffen, sollte mit der Ankündigung zur Lesung auch der Hinweis erfolgen, dass jeder Teilnehmer ein kostenloses Exemplar des Tourismuslesebuches erhält.

Die Kosten für dieses Tourismuslesebuch dürften bei einer hohen Auflage nicht wesentlich über den Druckkosten der von der Bundesagentur für Arbeit herausgegeben Informationsmaterialien „Beruf Aktuell" oder „Studien- & Berufswahl" liegen.

Eine Finanzierung der Druckkosten könnte im Verbund von Arbeitsagentur, Wirtschaftsministerium, Verbänden und Organisationen sowie den großen touristischen Unternehmen, die im Buch vorgestellt werden, erfolgen. Die logistische Verteilung der Tourismuslesebücher wäre analog zur Distribution von Reisekataloge möglich, indem der Austragungsort für die Lesung und die geschätzte Teilnehmerzahl vorher dem Logistikunternehmen mitgeteilt wird.

Über die Vorstellung des Tourismuslesebuches in Form einer Lesung, verbunden mit dem kostenlosen Erhalt eines Tourismuslesebuches, wird bereits einer hohen Ankerimpuls gesetzt. Mit dieser Aktion, welche auf die Kenntnis über Jobmöglichkeiten abzielt, ist jedoch nur ein erster Schritt vollzogen. Um eine gefestigte Einstellung zum neuen Job oder gar eines Branchenwechsels zu vollziehen, sind weiterführende Maßnahmen notwendig. Wie sich der Prozess der Einstellungsänderung unter Beachtung der Einstellungskomponenten gestalten lässt, wird nachfolgend in der Abb. 9.2 schematisch dargestellt.

Prozessschritte	Komponenten der Einstellung		
	Kognitive Komponente	Affektive Komponente	Konative Komponente
Buchlesung 1) Vorstellung ausgewählter Buchkapitel mit Hinweisen auf zugehörige Berufe im Unternehmen	Erlangen von Kenntnissen zu Berufsmöglichkeiten	Erfolgsgeschichten führen zu positiven Empfindungen	Bereits latent vorhandenen Motive werden aktiviert
Buchlesung 2) Hinweise und erweiterte Informationen zu spezifischen Berufen im Unternehmen während oder nach der Lesung	⇩ Erkennen von Vorteilen dieser Berufe	⇩ Abbau von Dissonanzen bezüglich der vorgestellten Berufe	⇩ Einstellung eines persönlichen Motivationspotentials hinsichtlich interessierender Berufe
Buchlesung 3) Aushändigung des Lesebuches. Interessierte Teilnehmer können sich in einen Jobinteressenpool eintragen und Beantwortung von bestehenden Fragen	⇩ Wertigkeit der Anerkennung	⇩ Belohnungsempfinden (Erhalt des Buches)	⇩ Aktive Annahme und Zuwendung zum Buch
Nach ca. 2 Wochen 4) Danksagung für Teilnahme und Interesse am Jobinteressenpools sowie Zusendung konkretisierender Informationen zum gewünschten Job	⇩ Bewusstseinsbildende Auseinandersetzung mit den konkretisierten Informationen zum Job	⇩ Entstehung des Gefühls des Gebrauchtwerdens und der Sinnhaftigkeit	⇩ Zuwendungsverstärkung und Beibehaltung der Hingezogenheit
Nach weiteren 2-3 Wochen 5) Einladung der Interessenten zum Unternehmensbesuch (mit emotionalem Event)	⇩ Weitgehende Übereinstimmung von Vorstellung und Realität	⇩ Entstehen von Sicherheit und Wohlbefinden	⇩ Verstärkung der vorhandenen Motivation
Nach weiteren 2-3 Wochen 6) Einladung zum persönlichen Gespräch	⇩ Vertrauensaufbau in die Richtigkeit der Entscheidung	⇩ Gefühl des Verstandenwerdens	⇩ Motivationaler Handlungsentschluss
	⇩ **Überzeugung**	⇩ **Akzeptanz**	⇩ **Handlungswille**
Einstellungsgespräch	**Annahme des neuen Jobangebots**		
			Herrmann

Abb. 9.2 Herrmann (Eigendarstellung). Schema Einstellungsänderung

Kontaktanfragen, welche später eingehen, werden im jeweils aktuellen Bewerberpool aufgenommen. Die neuen wie auch die Bestandsbewerber werden regelmäßig kontaktiert und durch geeignete Maßnahmen betreuend unterstützt.

Um benötigte Arbeitskräfte zu gewinnen, sollte der Kooperationsgedanke im Vordergrund stehen, etwa durch gemeinsame Buchleseaktionen oder dem Anlegen eines gemeinsamen Bewerberpools. Gemeinsame Aktionen generieren mehr Interessenten, so dass sich aus dem größerem gemeinsamen Bewerberpool die jeweils passenden Arbeitskräfte leichter akquirieren lassen.

Die Ausgabe des Tourismuslesebuches sollte nur in Verbindung mit der Buchlesung oder einer ähnlichen Veranstaltung vorgenommen werden. Erfolgt die Verteilung ohne Zweckbindung, z. B. in Form von freien Auslagen, so kommt es zu einem hohen Streueffekt, wie auch zur Abwertung dieses Lesebuches (siehe psychologische Effekte).

Die Erstellung eines solchen Tourismuslesebuches könnte in Zusammenarbeit mit einer Touristischen Hochschule im Rahmen eines Projektseminars erfolgen.

Die jährlich konzertierte Aktion zur touristischen Arbeitskräftegewinnung könnte durch die führenden Tourismusverbände unterstützt werden.

Psychologische Effekte

Psychologische und andere Effekte, die sich über dieses Projekt entfalten können, sind:

- Menschen kommen bereits früh mit Büchern (Kinderbücher, Schulbücher, etc.) in Kontakt und werden über diese sozialisiert. Bücher besitzen daher über die gesamte Lebensspanne eine hohe Wertigkeit und werden weniger schnell entsorgt als Werbebroschüren.
- Eine bisherige Schwachstelle der Tourismusbranche in Bezug auf die Thematik Arbeitskräftegewinnung ist, dass die Vielfalt der Berufs- und Beschäftigungsmöglichkeiten kaum abgebildet wird. Bereits der Psychologe und Philosoph Christian von Ehrenfels erkannte das Prinzip der Übersummativität, welches besagt, dass das Ganze mehr ist als die Summe seiner Einzelteile. Eine konzertierte Aktion, wo unterschiedliche Akteure der Tourismusbranche sich beteiligen und hierdurch die Berufsvielfalt sichtbar wird, generiert nicht nur eine größere Aufmerksamkeitslenkung, sondern erhöht die Wertigkeit der einzelnen Teilnehmer an dieser Aktion.
- Die Erkenntnis, dass selbsterarbeite oder selbstverdiente Gegenstände eine stärkere Wertigkeit besitzen ist nicht neu, und wird heute als IKEA-Effekt beschrieben. Daniel Kahnemann und Amos Tversky hatten in ihrer Prospect Theory bereits kognitive Verzerrungen bei Verlust- und Gewinnbestrebungen

beschrieben, die sie als „Verlustaversion" bezeichneten. Für seine grundlegen-
den Erkenntnisse erhielt Kahnemann zusammen mit Vernom L. Smith im Jahr
2002 der Nobelpreis für Wirtschaftswissenschaften. Bücher, welche durch die
Teilnahme „erarbeitet" werden, besitzen nach Erkenntnissen der Prospect The-
orie eine höhere Wertigkeit. Die freie Auslage der Bücher oder Abgabe ohne
Gegenleistung entwertet diese.

- Während gegenwärtige Werbemaßnahmen (Anzeigen, Plakate, etc.) einen
  starken Abnutzungseffekt unterliegen, hat diese „neue" Anspracheform eine
  größere Aussicht wahrgenommen zu werden. Neues generiert bereits eine
  unwillkürliche Aufmerksamkeitslenkung.

- Buchlesungen besitzen bereits einen höheren Ankerimpuls als Anzeigen oder
  anderer gängiger Werbemittel, weil deren Wertigkeit bereits höher eingeschätzt
  wird und hierdurch eine andere Erwartungshaltung gegeben ist.

- Neben dem höheren Ankerimpuls besitzen Buchlesungen zwei weitere
  Vorteile. Zum einen können gut gestaltete Buchlesungen emotional berühren,
  was dazu führt, dass die gegeben Informationen nicht im semantischen, sondern im episodischen Gedächtnis gespeichert werden. Die hier hinterlegten
  Informationen sind wegen ihrer tieferen Gedächtnispuren länger präsent. Zum
  zweiten wird mit der Buchschenkung ein Reciprocity-Effekt, d. h. ein reziproges Sozialverhalten erzeugt, welches sich zum Beispiel als Gegenleistung in
  Form von Zuwendung und Aufmerksamkeit zeigen kann.

Thesen zum Psychologischen Tourismusmarketing   10

Marketingmaßnahmen stellen ein unverzichtbares Mittel zur Aufmerksamkeitslenkung und den damit verbundenen Absatz von Produkten und Leistungen dar. Es zeigt sich jedoch, dass bei traditionellen Marketingmaßnahmen der Wirkungsgrad beständig abnimmt. Viele dieser Marketinginstrumente verlieren an Ausstrahlungskraft, nutzen sich immer schneller ab, oder werden durch andere Maßnahmen überstrahlt.

Ein wesentlicher Grund für die Abnahme der Werbeeffizienz ist in der Verschiebung von Reizschwellen anzunehmen. Um in der steigenden Werbeflut eine Wahrnehmung beim Kunden zu erreichen, müssen bei Werbeaktivitäten immer höhere Toleranzschwellen der Aufmerksamkeit erreicht oder überschritten werden. Die Folge ist, dass ein Großteil eingesetzter Werbeaktivitäten verpufft oder die Konsumenten ein Raktanzverhalten zeigen.

Weil es immer schwieriger wird, mit traditionellen Marketingmaßnahmen Aufmerksamkeit zu generieren, erscheint es sinnvoll, über neue Marketinginstrumente und Anspracheformen nachzudenken. Eine Möglichkeit wird hierbei in der Nutzung psychologischer Mechanismen des Tourismusmarketings gesehen.

Beim Psychologischen Tourismusmarketing geht es um die Anwendung neuer Strategien und Instrumente in der Ansprache von potentiellen Reiseinteressenten. Während das gegenwärtige Marketing primär auf die „Sichtbarmachung" der Produkte und touristischer Leistungen ausgerichtet ist, geht es beim Psychologischen Tourismusmarketing um die bewusste Nutzung psychologischer Einflussmöglichkeiten. Ziel ist es, neben einer stärkeren Aufmerksamkeitslenkung eine tiefere kognitive Verarbeitung herbeizuführen, damit eine nachhaltige Verankerung der dargebotenen Werbeinhalte im Gedächtnis erfolgt.

© Der/die Autor(en), exklusiv lizenziert an Springer Fachmedien Wiesbaden   49
GmbH, ein Teil von Springer Nature 2024
H.-P. Herrmann, *Basiswissen und Anwendungsbeispiele zum Psychologischen Tourismusmarketing*, essentials, https://doi.org/10.1007/978-3-658-43980-4_10

Besonders durch die Veränderungen im Informationsverhalten erscheinen Anpassungen oder Ergänzungen der gegenwärtigen Marketingstrategien und Marketinginstrumente sinnvoll. Das Psychologische Tourismusmarketing sieht sich als Ergänzung zum bisher praktizierten Tourismusmarketing. Es kann helfen, bestehende Schwachstellen zu minimieren.

Das Psychologische Tourismusmarketing stützt sich auf vier Grundstrategien, deren Umsetzung über konkrete Projekte erfolgt. Die jeweils ausgearbeiteten Marketingprojekte entfalten psychologische Effekte, welche sich zielgerichtet nutzen lassen.

Hauptziel des Psychologischen Marketings ist es, die Werbeeffizienz, beginnend bei der Aufmerksamkeitslenkung, über die Verarbeitung, Speicherung bis hin zur Reproduktion aufgenommener Informationen zu verbessern. Die Steigerung der Werbeeffizienz wird nicht in Einzelmaßnahmen, sondern als Prozess gesehen.

Bei der Prozessbetrachtung wird der Informationsverarbeitung eine zentrale Rolle zugewiesen. Denn je besser es gelingt, dargebotene Informationen zu verarbeiten, desto sicher werden diese gespeichert und stehen bei späteren Reisewahlentscheidungen zur Verfügung.

Der Logik einer Gesamtprozessbetrachtung folgend, erscheint es sinnvoll, die Umsetzung von Marketingaktivitäten nicht in Form von Einzelmaßnahmen, sondern als Projekte zu design.

Welche konkreten psychologischen Effekte die jeweiligen Projekte bewirken und wie stark ihr Wirkungsgrad ist, wird durch unterschiedliche Variablen bestimmt. Hierzu gehört beispielsweise die jeweils gewählte Strategie, die Art der gesetzten Reizgegebenheiten, die Zielgruppenansprache wie auch der Umfeldkontext, in dem das jeweilige Projekt realisiert wird.

Das Psychologische Tourismusmarketing zielt nicht so sehr auf das Momentum kurzfristiger Effekte, sondern ist unter Einbeziehung und Nutzung unterschiedlicher Mechanismen auf eine längerfristige Wirksamkeit ausgerichtet. Dieses können beispielsweise Verhaltensgewohnheiten, Lernstrategien, Wertigkeitsaspekte, soziale Beziehungsmechanismen, bedeutsame Lebensaspekte oder Interessenskonstellationen sein.

Die in diesem Essentials enthaltenen Projektbeispiele greifen solche Wirkungsmechanismen auf. Etwa die Nutzung resultierender Sozialisationseffekte über Bücher, die Anwendung der Elaboration als Lernstrategie oder die Nutzung salienter Reizgegebenheiten.

Das Thema Urlaub wird auch in Zukunft für die Menschen überaus wichtig bleiben. Denn nur im Urlaub, der mit einem Ortswechsel verbunden ist, erscheint ein zeitweiliger Ausstieg aus dem gewohnten Stressumfeld möglich. Da diese

Zeit begrenzt ist, werden die Urlaubstage als besonders wertvoll angesehen. Um diese Zeit bestmöglichst zu nutzen, sind daher die Menschen für erweiterte Wissenskenntnisse offen, die zu diesem Ziel beitragen.

Die eingebundene Vermittlung interessierender Wissensinhalte zu unterschiedlichen touristischen Themen stellt ein Mehrwert dar. Es kann davon ausgegangen werden, dass die Nutzer hierzu ein positives reziproges Verhalten zeigen.

Viele Beispielinhalte, insbesondere des digitalen Wissenskalenders sind exklusiv. Da diese Themen nicht von anderen besetzt sind, besitzen sie ein informatives Alleinstellungsmerkmal und stellen zugleich einen Marketingvorteil dar. Eine längere und regelmäßige Hinwendung zu den touristischen Wissensinformationen erfolgt nur, wenn die Informationen interessant, verständlich, neu und einen persönlichen Mehrwert besitzen.

Die regelmäßige Beschäftigung mit Wissenssachverhalten zum Thema Urlaub und Reisen führt zur Wissenserweiterung und kann eine Initialzündung sein, sich stärker mit bestimmte spezifischen Reisesachverhalten zu beschäftigen. Die Beschäftigung mit diesen Themen bestärkt Reisewünsche.

Das heutige Tourismusmanagement wird stark aus der Produkterstellungssicht gedacht, indem zuerst die pauschalisierten Reisen oder touristischen Einzelleistungen erstellt und dann hierzu passende Nachfrager gesucht werden. Will man die Kunden nachhaltiger erreichen, erscheint es sinnvoll, die Reisen stärker von den Interessen und Bedürfnissen der Menschen her zu denken. Das Psychologische Tourismusmarketing vollzieht bereits diesen Schritt, weil es weniger auf die Darstellung von Reisen ausgerichtet ist, sondern sich schwerpunktmäßig den Informationsverarbeitungsprozess der Nutzer zuwendet.

Gesellschaftliche Entwicklungen, wie Werteveränderungen, Einstellungen zum Umweltschutz und Nachhaltigkeit oder den verstärkten Wünschen nach mehr Authentizität, nach Entschleunigung, individuelleren Reiseverhalten oder optimaler Distiktheit basieren auf Einstellungsveränderungen, die für das zukünftige Tourismusmarketing relevant sein werden.

Die hier vorgenommenen Beschreibungen zum Psychologischen Marketings resultieren aus gegenwärtigen Überlegungen. Das Psychologische Tourismusmarketing versteht sich als Ergänzung zum gegenwärtigen Tourismusmarketing und unterbreitet Vorschläge, wie Einflussmöglichkeiten auf touristische Marketingaktivitäten aus psychologischer Sicht genutzt und gestaltet werden können.

Was Sie aus dem *essential* mitnehmen können

- Überlegungen zu neuen Marketingstrategien und neuen Kundenanspracheformaten
- Anregungen durch Beispielprojektbeschreibungen
- Denkanstöße, strategische Marketingentscheidungen nicht nur aus der betriebswirtschaftlichen Sichtweise zu treffen, sondern sich innerhalb des Marketings verstärkt mit psychologischen Mechanismen auseinanderzusetzen
- Erkenntnisse zu Verknüpfungsmöglichkeiten von Psychologie und Marketing
- Ableitungen des Psychologischen Tourismusmarketings auf andere Bereiche außerhalb des Tourismus

© Der/die Herausgeber bzw. der/die Autor(en), exklusiv lizenziert an Springer   53
Fachmedien Wiesbaden GmbH, ein Teil von Springer Nature 2024
H.-P. Herrmann, *Basiswissen und Anwendungsbeispiele zum Psychologischen Tourismusmarketing*, essentials, https://doi.org/10.1007/978-3-658-43980-4

Literatur

DB mobil (2021). *Vgl. Interview mit Angela Merkel. Ausgabe DB mobil Januar 2021* (S. 35). Deutsche Bahn Berlin.

Deutscher Reiseverband DRV (2023). *Der deutsche Reisemarkt. Zahlen und Fakten 2022* (S. 5). Herausgegeben vom DRV.

Freyer, W. (2007). *Vgl. Tourismus-Marketing* (S. 361ff). Oldenbourg-Verlag.

Freyer, W. (2007b). *Vgl* (S. 303). Tourismus-Marketing: Oldenbourg-Verlag München.

Herrmann, H.-P. (2016). *Tourismuspsychologie* (S. 169). Springer.

Herrmann, H.-P. (2018). *Psychologisches Tourismusmarketing – Thesen zu ausgewählten* (S. 2). Springer Fachmedien Wiesbaden.

Trommsdorff, V., & Teichert, T. (2011). *Konsumentenverhalten* (S. 126). Verlag Kohlhammer Stuttgart.

© Der/die Herausgeber bzw. der/die Autor(en), exklusiv lizenziert an Springer Fachmedien Wiesbaden GmbH, ein Teil von Springer Nature 2024
H.-P. Herrmann, *Basiswissen und Anwendungsbeispiele zum Psychologischen Tourismusmarketing*, essentials, https://doi.org/10.1007/978-3-658-43980-4

Printed in the United States
by Baker & Taylor Publisher Services